Deutsche und Polen im Kontakt

Schriften zur diachronen und synchronen Linguistik

Herausgegeben von Józef Grabarek

Mitglieder des Wissenschaftlichen Beirats:
Hanna Biaduń-Grabarek · Jürgen Bolten · Roman Kalisz
Klaus-Dieter Ludwig · Grażyna Łopuszańska · Lenka Vaňkova
Mariola Wierzbicka · Józef Wiktorowicz · Lech Zieliński

Band 5

PETER LANG
Frankfurt am Main · Berlin · Bern · Bruxelles · NewYork · Oxford · Warszawa · Wien

Edyta Grotek
(Hrsg.)

Deutsche und Polen im Kontakt

Sprache als Indikator
gegenseitiger Beziehungen

PETER LANG
Internationaler Verlag der Wissenschaften

Bibliografische Information der Deutschen Nationalbibliothek
Die Deutsche Nationalbibliothek verzeichnet diese Publikation in
der Deutschen Nationalbibliografie; detaillierte bibliografische
Daten sind im Internet über http://dnb.d-nb.de abrufbar.

Umschlaggestaltung:
© Olaf Glöckler, Atelier Platen, Friedberg

Die Publikation wurde finanziell unterstützt
durch die Nikolaus-Kopernikus-Universität
zu Toruń / Polen

Gutachter: Prof. Dr. Józef Wiktorowicz
Sprachkorrektur: Dr. Margit Eberharter-Aksu

Gedruckt auf alterungsbeständigem,
säurefreiem Papier.

ISSN 2191-8856
ISBN 978-3-631-63239-0
© Peter Lang GmbH
Internationaler Verlag der Wissenschaften
Frankfurt am Main 2012
Alle Rechte vorbehalten.

Das Werk einschließlich aller seiner Teile ist urheberrechtlich
geschützt. Jede Verwertung außerhalb der engen Grenzen des
Urheberrechtsgesetzes ist ohne Zustimmung des Verlages
unzulässig und strafbar. Das gilt insbesondere für
Vervielfältigungen, Übersetzungen, Mikroverfilmungen und die
Einspeicherung und Verarbeitung in elektronischen Systemen.

www.peterlang.de

Sprachkontakt hat viele Namen

Die Frage der deutsch-polnischen Beziehungen wurde schon in hunderten, wenn nicht tausenden Publikationen aus verschiedenster Sicht erörtert: Durch Historiker, Sprach- und Politikwissenschaftler, Publizisten und Künstler. Somit könnte sich das Thema des Bandes: „Deutsche und Polen im Kontakt. Sprache als Indikator gegenseitiger Beziehungen" ausgeschöpft und veraltet anhören. Ist es möglich, eine neue Perspektive zu finden, neue Blickwinkel zu entdecken? Doch, ich glaube, es ist mir und den Autoren dieses Bandes gelungen zu zeigen, dass Sprache ein Indikator für gegenseitige Beziehungen ist, nicht nur im Grenzraum. Oder anders gesagt – dass sich Grenzräume auf mehreren sprachwissenschaftlichen Feldern erschließen und mittels disziplinspezifischen Instrumenten untersuchen lassen.

Die beiden ersten Beiträge kommen von Text- und Diskurslinguisten und selbst hier beobachtet man ganz unterschiedliche Herangehensweisen an das Thema. Czachur setzt mit einer kontrastiven Studie im Bereich grundlegender textlinguistischer Termini an, in der er, Arbeiten polnischer und deutscher Forscher analysierend, solche Termini wie *Textsorte/ -muster,* oder *genre/ wzorzec* vergleicht. Dąbrowska – Burkhardt liefert eine diskursanalytische Untersuchung zu den Kommentaren zu Joschka Fischers Humboldt – Rede, indem sie einschlägige Artikel aus der Süddeutschen Zeitung und der Gazeta Wyborcza einer detaillierten Prüfung unterzieht. Der Angelpunkt der Analyse ist die Metapher *Gravitationszentrum* und deren Realisierung in beiden Diskursen.

Einen weiteren Grenzraum eröffnet Agnieszka Frączek mit ihrem Beitrag zur Makrostruktur in „Celaryus polski". Lexikographie erweist sich hiermit als eine bezüglich des Themas des Bandes sehr aussagekräftige Disziplin. In den Wörterbüchern treffen doch die beiden Sprachen wortwörtlich aufeinander – die Vokabularien sind ein Grenzraum an sich, in dem die gegenseitigen Beziehungen beider Völker eine deutliche und dauerhafte Widerspiegelung finden.

Drei weitere Artikel stammen aus dem Bereich der historischen Soziolinguistik und untersuchen drei verschiedene geographische Räume, die jeweils als Grenzräume – nicht nur sprachlich, sondern auch kulturell - gelten: Galizien, Thorn und Schlesien. Margit Eberharter-Aksu zeichnet ein Bild des polnisch-dominierten Galiziens unter der Herrschaft der deutschsprachigen Habsburger. Die Nationalitäten und ihre Sprachen trafen hier aufeinander und beeinflussten sich gegenseitig auf mehreren Ebenen. In meinem Beitrag zu der soziolinguistischen Situation im Thorn des 19. Jahrhunderts, in dem ich solche Aspekte der sprachlichen Situation präsentiere, wie die Amtssprache, das Schulwesen oder Zeitungen und Zeitschriften, lege ich die allgemeine Überzeugung *ad acta,* Thorn wäre eine bilinguale Stadt gewesen. Bei Anna Just werden Auszüge aus der Korrespondenz schlesischer Herzoginnen untersucht, und zwar in Bezug auf den verwendeten Soziolekt und die Rolle der Deutsch sprechenden Herzoginnen in der polnischen Geschichte.

Aufgrund der hier dem Leser zur Verfügung gestellten Ergebnisse von Forschungen junger Germanistinnen und Germanisten kann festgestellt werden, dass sich das Thema der gegenseitigen Beziehungen beider Nationen und deren Widerspiegelung in der Sprache aus verschiedenen Forschungsdisziplinen realisieren lässt, wobei sich die Instrumente aller hier präsentierten sprachwissenschaftlichen Disziplinen dazu eignen, dieses Thema gemäß der Kunst der Sprachwissenschaft zu untersuchen. Ich hoffe, dass dieser Band nicht nur eine interessante Lektüre darstellt, sondern auch eine Inspiration für weitere Untersuchungen in diesem Bereich.

Inhaltsverzeichnis

Sprachkontakt hat viele Namen 5

Waldemar Czachur
Zu den Grundbegriffen der Textlinguistik in der deutschen und polnischen Forschung 9

Jarochna Dąbrowska-Burkhardt
Braucht Europa ein Gravitationszentrum? Eine Analyse des Diskurses über die Zukunft Europas in der „Süddeutschen Zeitung" und in der „Gazeta Wyborcza" nach der Berliner Humboldt–Rede von Joschka Fischer 31

Agnieszka Frączek
Von den Unvollkommenheiten der Makrostruktur aufgrund des *Celaryus* von Andrzej Faber aus dem 18. Jahrhundert 51

Margit Eberharter-Aksu
Anmerkungen zur sprachlichen Situation in Galizien unter der Herrschaft der Habsburger 67

Edyta Grotek
Soziolinguistische Situation im Thorn des 19. Jahrhunderts. Ausgewählte Aspekte 83

Anna Just
Aus der Korrespondenz schlesischer Piastinnen im 16. Jahrhundert 101

Daten der Autoren 113

Zu den Grundbegriffen der Textlinguistik in der deutschen und polnischen Forschung

Waldemar Czachur (Warszawa)

Podstawowe pojęcia lingwistyki tekstu w polskich i niemieckich badaniach tekstologicznych

Poniższy artykuł jest przyczynkiem do dyskusji na temat wspólnego aparatu pojęciowego dla polsko- i niemieckojęzycznych badaczy tekstu i dyskursu. Autor bada teoretyczne prace z zakresu tekstologii takich naukowców jak: Bartmiński, Grucza, Dobrzyńska, Heinemann, Adamzik, przedstawia ich założenia i omawia podstawowe pojęcia (*Textsorte, Textklasse, Textmuster/genre, gatunek, wzorzec gatunkowy, typ, rodzaj tekstu*), zastanawiając się, czy jest możliwe traktowanie ich jako wzajemnych ekwiwalentów. Niniejsza praca, uwrażliwiając na aktualny problem, z jednej strony nakreśla istniejące rozbieżności, z drugiej zaś przedstawia propozycję porozumienia się na płaszczyźnie pojęciowej badaczy z obu krajów. Artykuł wpisuje się w nurt badań kontrastywności międzylingwistycznej.

Vorbemerkungen

Wenn man die Arbeit von Hartmann (1964) als Anfang der neuen Wissenschaftsdisziplin, der der Text zugrunde gelegt wird, annimmt, so ist die Textlinguistik heute 47 Jahre alt[1]. Von einer zwar noch relativ jungen, aber bereits reifen Disziplin kann man erwarten, dass sie ihren Untersuchungsgegenstand abgegrenzt, die Fragestellungen konkret formuliert und die grundlegenden Termini eindeutig definiert hat. Diese Feststellung ist im Hinblick auf die Textlinguistik insoweit unmöglich, als sie sich als eine offene Disziplin[2] ständig im Wandel befindet und zur Beantwortung der vielen offenen Fragen neue Wissensgebiete heranzieht, die ihren Gegenstand erweitern und dabei neue interdisziplinäre Methoden fordern. Der Anspruch einer interdisziplinären Herangehensweise führt bei der textlinguistischen Erforschung von komplexen und mehrdimensionalen Forschungsobjekten zugleich zu einer Verschwommenheit, die sich wiederum in Unschärfe sowie in der Vielfalt der Termini widerspiegelt.

Die Textlinguistik entwickelte sich in Deutschland und in Polen unterschiedlich, auch wenn der Beginn der Beschäftigung mit dem Text in beiden

---

1   Für Grucza (2004: 50) gilt der Beitrag von Hartmann „Text, Texte und Klassen von Texten" als programmatische Konstituierung der neuen Disziplin der Textlinguistik.
2   Offene Linguistik definiere ich hier in Anlehnung an Bilut-Homplewicz (2004: 102) als diejenige, die „über ihren sprachlichen Untersuchungsgegenstand hinaus [geht] und [...] auf seine kontextuelle, gesellschaftliche und kulturelle Einbettung hin[weist], d.h. seine aussersprachliche Bedingtheit in Betracht zieht".

Ländern auf um 1960 datiert wird[3]. Die textlinguistische Forschung ist aber in beiden Ländern anderen Entwicklungslinien gefolgt[4]. Das Ziel dieses Beitrags ist es, die in der Fachliteratur gängigen Grundbegriffe[5] wie *Textsorte, Textklasse, Texttyp* und *Textmuster* in der deutschen Forschung und *genre/genry, gatunek, wzorzec gatunkowy, typ* und *rodzaj* in der polnischen textlinguistischen Forschung zu erörtern und somit einen Einblick in den Diskussionsstand über die grundlegenden Begriffe in beiden Ländern zu geben. Somit versteht sich der Aufsatz als ein Beitrag zur Etablierung der interlinguistischen Kontrastivität (vgl. und siehe mehr Bilut-Homplewicz 2008). Die unterschiedlichen Klassifizierungs- und Typologisierungsversuche sowie die Bemühungen, die Struktur und Beschreibungsebenen von Text und Textsorte zu beschreiben, werden in dem Beitrag nicht behandelt.

1. Text und Textlinguistik

Die Erkenntnis, dass nicht der Satz die höchste Organisationsform der Sprache ist, sondern der Text, führte zur Entwicklung und Etablierung einer neuen Disziplin, die in beiden Ländern in unterschiedlichen Phasen unterschiedliche Namen getragen hat; in Deutschland bspw. *Texttheorie, Textologie, Textwissenschaft,* in Polen *teoria tekstu, tekstologia, gramatyka tekstu, lingwistyka tekstu*[6]. Die Textlinguistik/*lingwistyka tekstu* beschäftigt sich mit

---

3   Nach Bartmiński (1998: 11f.) hat sich die erste Forschungsgruppe, die sich in Polen mit textlinguistischen Fragen auseinander gesetzt hat, um Maria Renata Mayenowa gesammelt (1971, 1974, 1976, 1978). Sie wurde von Teresa Dobrzyńska (1986, 1990, 1992, 1996) fortgesetzt.

4   Vgl. Mazur (2000), Schoenke (2000), Bilut-Homplewicz (2006). Hier sei auf den Beitrag von Bilut-Homplewicz hingewiesen, in dem sie anhand von zwei vergleichbaren Einführungswerken zur Textlinguistik aus beiden Ländern thematische Schwerpunkte dieser Disziplin diskutiert.

5   Grundbegriffe definiere ich hier als „durch Abstraktionen gewonnenes gedankliches Konzept, durch das Gegenstände und Sachverhalte aufgrund bestimmter Eigenschaften und/oder Beziehungen klassifiziert werden" (Bussmann 1990: 128). Den Grundtermini wird dadurch ein systematisierender, Ordnung schaffender Charakter zugeschrieben. In diesem Beitrag werden Grundbegriff bzw. Begriff und Terminus synonym verwendet.

6   Den Terminus *gramatyka tekstu* lehnt Wilkoń (2002: 29) zu Recht entschieden ab, da die Bezeichnung Grammatik mit dem Bau einer Sprache in Bezug auf Phonetik, Phonologie, Lexikologie und Syntax zusammenhängt. Für den Terminus *tekstologia* plädiert Bartmiński (1998: 19), da er in seiner Struktur Ähnlichkeit zu Bezeichnungen wie *morfologia, fonologia, leksykologia* usw. aufweist. Der Terminus lingwistyka tekstu hat für ihn eine Differenzierungsfunktion, indem er die linguistische Untersuchung von Texten von anderen Fragestellungen an denselben Gegenstand abgrenzt

Texten – so könnte die neue sprachwissenschaftliche Disziplin definiert werden. Nur war damit weder die Frage beantwortet, was ein Text ist, noch war – wie Heinemann/Viehweger (1991: 18) bemerken – „das Leitmotiv „Text" allein [...] ausreichend für die Konstituierung einer eigenständigen Wissenschaftsdisziplin" (Heinemann/Viehweger 1991: 18). Linke/Nussbaum/Portmann (1996: 212) konkretisieren den textlinguistischen Gegenstand und stellen fest, dass sich Textlinguistik mit der Abgrenzung und Klassifizierung von Texten beschäftigt, also danach fragt, wie sich die Größe „Text" linguistisch genau bestimmen lässt und welche verschiedene Typen von Texten es gibt[7]. Brinker (2001) nennt zwei Aufgabenbereiche: Neben der Erforschung der Größe *Text* beschäftige sich die Textlinguistik mit der Ermittlung gesellschaftlich relevanter Textsorten und der Beschreibung ihrer konstitutiven Merkmale (vgl. Brinker 2001: 129). Bilut-Homplewicz (2005) ergänzt den Aufgabenkatalog um die Untersuchung der Relation zwischen Text und Dialog und weist auf die neusten Tendenzen in der Textlinguistik hin wie das In-Frage-Stellen des Textbegriffs, die Erweiterung des Untersuchungsspektrums der Textlinguistik sowie die Ersetzung der Textlinguistik durch die Diskurslinguistik[8]. Dazu kommen Phänomene wie Intertextualität, Intermedialität und Interkulturalität.

Für den Begriff *Text* wurden in der bisherigen textlinguistischen Forschung sehr unterschiedliche Definitionen vorgeschlagen. Grund dafür sind die unterschiedlichen Ansätze, die sich in der Textlinguistik etabliert haben und den Text entweder als komplexen Satz, als themenzentrierte Expansionen von Makrostrukturen, als komplexes Zeichen, als komplexen Sprechakt, als Verbalisierung kognitiver Operatoren und Prozesse oder als Konstitutionsformen von Wissen auffassen[9]. Unabhängig von den unterschiedlichen Ansätzen und Definitionen, was ein Text und ein Nicht-Text sei, wird in der Textlinguistik davon ausgegangen, dass „der konkrete Text [...] immer als Exemplar einer bestimmten Textsorte [erscheint]" (Brinker 2001: 129). Diese Annahme ist für die Textlinguistik u.a. deswegen so wichtig, weil sie die Klassifizierung (klasyfikacja tekstów) und Typologisierung der Texte bzw. Text-

---

(bspw. Fragestellungen literaturwissenschaftlicher, anthropologischer oder soziologischer Provenienz). Er versucht folgende Differenzierung der Unterbereiche von Textologie (tekstologia): theoretische Textologie (Texttheorie), beschreibende Textologie (Textgraphie) und angewandte Textologie.

7   Eine ähnliche Position vertritt Dobrzyńska (1993).
8   Dazu mehr bei Duszak (1998 und 2002), Heinemann (2005) und Gajda (2005).
9   Mehr dazu bei Antos (1997: 43-63). Mehr zu der Entwicklung der textlinguistischen Ansätze bei Duszak (1998), Heinemann (2000b), Grucza (2004). Meistens werden vier verschiedene Ansätze differenziert, die den Text nach grammatisch-strukturalistischen, thematisch-semantischen, funktional-pragmatischen und mehrdimensionalen Kriterien betrachten.

sorten (typologia tekstów) ermöglicht[10]. Das Verhältnis zwischen Text und Textsorte ist allerdings im Sinne von Adamzik (2001: 25) nicht so zu verstehen, dass jeder Text zugleich eine bestimmte Textsorte repräsentiert, d.h. dass ein eindeutiger Bezug auf ein konkretes Muster gewährleistet ist, da in vielen Fällen Mustermischungen, bewusste Abweichungen vom Muster oder kulturbedingte Musterwandel auftreten (vgl. Duszak 1998: 238). Wenngleich jedoch damit die Musterbezogenheit nicht als fixe Eigenschaft von Texten betrachtet wird, so kann sie doch im Allgemeinen als Dimension des Phänomens Text nicht in Frage gestellt werden (vgl. Bartmiński 1998: 15).

Die Annahme, Texte ließen sich aufgrund unterschiedlicher Kriterien auf unterschiedlich stark abstrahierten Ebenen beschreiben, provoziert die Frage, auf welchen Abstraktionsstufen sich die Textklassen differenzieren lassen. Handelt es sich bei der grundlegenden textlinguistischen Kategorie *Textsorte* bzw. *gatunek tekstu* um eine klassifikatorisch-theoretische oder um eine empirisch-kognitive Kategorie?

In Anlehnung an Bilut-Homplewicz (1999) und Adamzik (2004) kann hier festgehalten werden, dass ein Text ein mehrdimensionales sprachliches Phänomen (vgl. Bilut-Homplewicz 1999: 8) oder „ein außerordentlich komplexes Objekt" (Adamzik 2004: 29) ist. In dem Zusammenhang stellt Adamzik auch fest, dass die verschiedenen Ansätze jeweils für bestimmte Fragestellungen und Zielsetzungen geeignet sind und bei den einzelnen Analysen jeweils unterschiedliche Aspekte in den Vordergrund treten. Da überdies Texte in ihrer Komplexität und Mehrdimensionalität nur unter Berücksichtigung von pragmatischen und kognitiven Methoden erfasst werden können, erscheint eine präzise Abgrenzung des Untersuchungsgegenstandes[11] „in einem geradezu grenzenlos ausgedehnten Gefüge" (Bilut-Homplewicz 2005: 62) nicht realistisch zu sein. Adamzik (2004: 29) sowie Witosz (2005: 109)

---

10 In beiden Forschungsräumen wird zwischen Texttypologie und Textklassifikation unterschieden, eine Differenzierung, die eng mit dem methodischen Vorgehen (induktiv vs. deduktiv) zusammenhängt. In diesem Zusammenhang kann man auch von einer Subdisziplin sprechen, die sich mit der Beschreibung und Klassifizierung von Textsorten beschäftigt. Gemeint ist im Deutschen die Textsortenlinguistik (Adamzik 1995, 2001) und im Polnischen die geneologia lingwistyczna (Witosz 2005). Auch zu den von Isenberg (1978) formulierten Forderungen an wissenschaftliche Typologien sowie deren Unrealisierbarkeit siehe Adamzik (1995, 2001). Auf der polnischen Seite ist Wilkoń (2004) davon überzeugt, dass eine Gattungstypologie auf homogenen Prinzipien beruhen sollte.

11 Hingewiesen sei hier auf Knobloch (1990: 68f.), der den Text „zu den aspektheterogenen und offenen Grundbegriffen der Sprach- und Literaturlinguistik [rechnet], die nicht abschließend definiert werden können, weil ihre theoretische Produktivität vorwiegend heuristischer Natur ist und sich nur innerhalb bestehender Axiomatisierung entfaltet". Vater (1994: 24) spricht hingegen von der Definierbarkeit des Textes, wenngleich nur innerhalb eines („axiomatisierten") Ansatzes.

sehen den Nutzen einer präzisen Erfassung der Größe *Text* auch nicht als erwünscht und wenig ergiebig[12]. Bilut-Homplewicz (2005: 62) stellt in diesem Zusammenhang die Frage, ob diese Relativierung der Rolle des Textes als primärem Untersuchungsobjekt eine Degradierung oder einen Aufstieg des Textes als linguistische Größe bedeute. Da der Text nur durch seine Vernetzung existieren und funktionieren kann und nur die mehrfachen Bezüge seine immanente Existenz sichern, muss der Text daher in seinem Verwendungskontext betrachtet werden.

Ohne an dieser Stelle den alten Streit um die Prioritäten theoretischer oder empirischer Analysen, deduktiver oder induktiver Klassifikationen neu aufrollen zu wollen, erscheint es doch wichtig, darauf hinzuweisen, dass diese zwei Systematisierungsweisen bei der Erfassung des Textbegriffs von großer Bedeutung sind. Der erste Weg besteht in der Analyse konkret vorliegender Texte, die nach bestimmten spezifischen Merkmalen klassifiziert werden und somit zu einer Klasse von Texten gehören. Aufgrund der Zugehörigkeit zu einer Klasse wird ein gemeinsamer theoretischer Rahmen erschlossen; die dadurch gewonnene Kategorie stellt ein gedankliches Konstrukt (konstrukt umysłowy) dar. Anders als beim induktiven, von unten hergeleiteten Verfahren geht der zweite Ansatz von einem texttheoretischen Modell aus, das als ideales, prototypisches Muster auf die ausgewählten Typen von Texten angewendet wird (vgl. von Lage-Müller 1995: 12; Kron 2002: 15). Während dieses zweite, deduktive oder klassifizierende Prinzip Textsorten aus einem vorgegebenen Modell ableitet, basiert der erste Ansatz – auf der Grundlage konkreter Textvorkommen – auf Verallgemeinerungen (vgl. Lux 1981: 31f., zitiert nach: von der Lage-Müller 1995: 13). In diesem Zusammenhang unterscheidet Fries (1986: 40) zwischen Textsortenlinguistik (induktiver Ansatz) und Textsortentypologie (deduktiver Ansatz). Adamzik (1991: 99) tritt mit ihrer Frage, „ob der [...] wieder einmal in schönster Deutlichkeit aufbrechende Graben zwischen Empirie und Theorie, induktivem und deduktivem Ansatz der Sache, um die es geht, sehr förderlich ist", für ein integratives Vorgehen ein. Auch Ehlich (1986: 68) plädiert für eine kombinierte empirisch-induktive und theoretisch-deduktive Theoriebildung. Beide Ansätze könnten als komplementär verstanden werden[13]. Diese unterschiedlichen theoretischen Ansätze und die in der postmodernen Geisteswissenschaft dominierende Tendenz zur Integration unterschiedlicher Aspekte in ein holistisches Analysemodell tragen dazu bei, dass die grundlegenden Kategorien der Textlinguistik – wie oben angemerkt – durch eine gewisse Unschärfe gekennzeichnet sind und „dass ihren unscharfen Untersuchungsobjekten relative Eigenschaften zugeschrieben werden" (Bilut-

---

12 Witosz (2005) beruft sich hier auf die Theorie des unscharfen Textbegriffs von Mayenowa (1971, 1974).
13 Mehr dazu bei Wilkoń (2002).

Homplewicz 2004: 105)[14]. Das wiederum hat zur Folge, dass den ‚verschwommenen' Untersuchungsgegenständen auch unscharfe Termini zugeschrieben werden. Die Ursache der Unschärfe sieht Duszak (1998: 36ff.) in der Erweiterung der Untersuchungsperspektive um funktionale und situative Aspekte wie Sender, Empfänger, Situation, Interpretation usw. Dadurch wird bei der Erforschung solcher Kategorien wie *Text*, *Textsorte* und *Textmuster* ein interdisziplinäres Herangehen gefordert, da „die Untersuchungsgegenstände in den Geisteswissenschaften [...] komplexe, mehrdimensionale Größen [sind], die Berührungspunkte mit anderen Objekten zeigen" (Witosz 2005: 107). In Folge dessen empfiehlt Grucza (2004: 110) Texte als relative Größe zu betrachten, da es auf der Ebene der konkreten Texte schwer falle, eine scharfe Grenze zwischen Texten und Nicht-Texten zu ziehen und der Übergang vom Text zum Nicht-Text folglich relativ ist. Auf Grund dessen erscheint es nicht sinnvoll, nach Kriterien zu suchen, die einen Text im Allgemeinen definieren können, da die unterschiedlichen Texte und dementsprechend die Textsorten nach eigenen Regeln produziert werden[15]. Püschel (1997: 40) bezeichnet Texte als eine relationale Größe und plädiert dafür, nicht die Frage „Was ist ein Text" zu stellen, sondern „Wer versteht etwas als Text?". Mit dieser Frage erfolgt eine Verschiebung des Schwerpunkts, die Handlungsteilnehmer rücken in den Mittelpunkt der Analyse, da „der Produzent eine andere Sichtweise auf sein Produkt haben kann als der Rezipient und verschiedene Rezipienten wiederum unterschiedliche Verständnisse von einem sprachlichen Phänomen haben können [...]" (Püschel 1997: 40). Texte werden also als etwas Dynamisches aufgefasst. Grucza (2004: 110) betont in seiner relativistischen Texttheorie überdies, dass jede Textanalyse mit einem konkreten Text unter Berücksichtigung des konkreten Produzenten und/oder Rezipienten beginnen solle.

Vor dem Hintergrund der skizzierten Problematik soll im Folgenden an einigen theoretischen Überlegungen von Textlinguisten aus dem deutschen und polnischen Sprachraum gezeigt werden, wie die grundlegenden textlinguistischen Kategorien *Textsorte*, *Textmuster*, *gatunek*, *wzorzec gatunkowy* usw. in den beiden Forschungskreisen erfasst werden. Dabei stütze ich mich vor allem auf die Arbeiten von Adamzik (1995, 2001, 2004), Sandig (1997), Heinemann (2000a und b) Heinemann/Heinemann (2002) und Gansel/Jürgens (2007) aus dem deutschsprachigen Forschungsraum und auf die Arbeiten von Witosz (2003, 2004, 2005), Gajda (2001) und Wyrwas (2002) aus Polen.

---

14 Dazu mehr auch: Witosz (2005: 108).
15 Dazu mehr bei Grucza (2007: 914).

2. Textsorte und Textmuster in der deutschsprachigen Forschung

Ausgehend von dem Begriff der *Gattung* in den Literaturwissenschaften hat sich schon in der Anfangsphase der Textlinguistik ein thematischer Forschungsschwerpunkt entwickelt, der bis heute mit Begriffen wie *Textsorte, Textklasse, Textexemplar, Textmuster, Texttyp* und *Diskurs* bezeichnet wird. Zu den verbreitetsten Bezeichnungen für die grundlegende Größe der Textlinguistik gehört in der deutschsprachigen Tradition der Begriff *Textsorte*, für dessen terminologische Unschärfe in erster Linie sein prätheoretischer Gebrauch in der Textsortenlinguistik verantwortlich ist. Neben der im Deutschen am meisten verbreiteten Bezeichnung *Textsorte* werden folgende Termini verwendet: *Texttyp,* [Isenberg 1978, Gülich/Raible 1975, Werlich 1975], *Textform* [Werlich 1975], *Textmuster* [Sandig 1986, Michel 1990, Lerchner 1991, Heinemann 2000a und b] *Textklasse* [Dimter 1981, Steger 1983], *Textart* [Mistrik 1973] und *Diskurstyp* [Schmidt 1976]. Die einflussreichste Definition von Textsorte hat Brinker (2001) vorgeschlagen, indem er annahm, „Textsorten sind konventionell geltende Muster für sprachliche Handlungen und lassen sich als jeweils typische Verbindungen von kontextuellen (situativen), kommunikativ-funktionalen und strukturellen (grammatischen und thematischen) Merkmalen beschreiben" (Brinker 2001: 135). Textsorten sind für ihn Muster, die sich in der Sprachgeschichte historisch entwickelt haben und dadurch zum Alltagswissen der Sprachteilhaber gehören. Sie zeichnen sich durch eine normierende Wirkung aus und erleichtern den kommunikativen Umgang, indem sie den Kommunizierenden eine mehr oder weniger feste Orientierung für die Produktion und Reproduktion von Texten geben (vgl. ebd.: 135). Diese Definition war das Ergebnis eines integrativen Textbegriffs[16], der mehrere Ebenen umfasste und dementsprechend auch die Beschreibung mithilfe mehrerer Kriterien ermöglichte[17].

Adamzik (2004) weist in diesem Zusammenhang darauf hin, dass eine so gefasste Textsorte „nicht [als] eine Einheit auf einer bestimmten Abstraktionsstufe verstanden werden kann" (Adamzik 2004: 101). Deswegen differenziert sie zwischen einer unspezifischen und spezifischen Lesart von Textsorte. In der unspezifischen Lesart wird mit Textsorte irgendeine Sorte, Menge oder Klasse von Texten verstanden, die entsprechend irgendeinem Differenzierungskriterium von anderen Mengen bzw. Klassen unterschieden werden kann. Die so verstandene Textsorte ist also das Ergebnis eines beliebigen Versuchs, Texte nach irgendwelchen Kriterien zu sortieren. Adamzik (1995:14) erwähnt, dass der so gemeinte Begriff *Textsorte* oft synonym zu

---

16 Dazu mehr bei Brinker (2001: 17).
17 Das Mehr-Ebenenmodell zur Textbeschreibung haben maßgebend Heinemann/Viehweger (1991) entwickelt.

den Ausdrücken *Textart*, *Textklasse* oder *Texttyp* verwendet wird, da es sich in dem Fall um Klassen von Texten höherer Abstraktionsstufe handelt. Die spezifische Lesart von Textsorten bezieht sich auf Klassen von Texten, „die in Bezug auf mehrere Merkmale spezifiziert sind, die also auf einer relativ niedrigen Abstraktionsebene stehen" (ebd.: 16). Dabei handelt es sich um die Funktion, den Kommunikationsbereich oder stereotype Merkmale der sprachlichen Gestaltung. Adamzik (1995: 29) definiert Textsorte als kommunikative Routine, als nach dem jeweiligen kommunikativen Bedarf sich ausbildende Konventionen oder Schemata zur Bildung bestimmter Texte, so etwas wie Routineformeln auf der Textebene. Damit sei auch das kognitive Potenzial der Textsorte, seine Funktion als Muster, als Vorlage für die Textproduktion erkannt. Auch wenn Adamzik (1995: 28) sich gegen den „Konkurrenzbegriff" *Textmuster* entscheidet und für die begriffliche Ausweitung des Ausdrucks *Textsorte* plädiert, steht ersterer bei Sandig (1997) und Heinemann (2000a und b) im Mittelpunkt und markiert die kognitive Wende in der Textlinguistik.

Sandig (1983: 92) führt den Begriff *Textmuster* als Beschreibungsgrundlage für die Textsorten, also für hochabstrakte Klassen ein und definiert ihn als „ein standardisiertes (konventionelles) Mittel zur Lösung in einer Gesellschaft auftretender Standardprobleme" (vgl. Sandig 1997: 26). Weiter beschreibt sie Textmuster als „Zusammenhang von (nicht sprachlichem) Handlungstyp und (sprachlicher) Textsorte" (ebd.: 27). Diese Art des Aufeinanderbezogenseins beschreibt Sandig folgendermaßen: „Der Handlungstyp steuert die konventionelle Erwartung bezüglich der Textsorte; die Textsorteneigenschaften „kontextualisieren" einen Handlungstyp, der konventionell mit ihnen verknüpft ist". Damit grenzt sie diese beiden Begriffe voneinander ab, auch wenn sie selber nicht immer konsequent ist und den Begriff *Textmuster* (1986: 173) auch anstelle von *Textsorte* verwendet. Ihr Ausgangspunkt für die Einführung des Begriffs *Textmuster* ist die Anlehnung an die Handlungstheorie und den Musterbegriff von Rehbein (1977) und Ehlich/Rehbein (1979). Textmuster wird als eine Abkürzung des präziseren Terminus *Texthandlungsmuster*, also als eine Form von standardisierten Handlungsmöglichkeiten aufgefasst, „die im konkreten Handeln aktualisiert und realisiert werden" (Ehlich/Rehbein 1979: 250). Daraus ergibt sich die Tatsache, dass die verschiedenen Formen sprachlichen Handelns verschiedene mögliche Szenarien zulassen, so dass eine sprachlich handelnde Person für die Realisierung eines Handlungszieles aus verschiedenen potentiellen Handlungswegen den passenden auswählen kann. Der Auswahlprozess findet in „Abhängigkeit von den Handlungsbedingungen sowie von Annahmen eines Sprechers bezüglich der Fähigkeiten, Kenntnisse, Einstellung und Disposition der in seine Handlung involvierten Handlungsteilnehmer" (Viehweger 1982: 239) statt. Das Wissen über die zur Auswahl stehenden sprachlichen Handlungsmuster ist also ein Teil der kommunikativen Kompetenz. Auch Heinemann (2000a) geht davon aus, dass die kommunikative Kompetenz das Textsorten- und Textmusterwissen umfasst, da die Kommunizierenden bei sich wiederholenden Aufgaben immer wieder in derselben Weise Texte bilden. Bevor jedoch die kognitiven Aspekte eine Rolle in der Linguistik gespielt haben, unterschieden bereits Heinemann/Viehweger (1991) zwischen Textsorte bzw. Textklasse und Texttyp. Textsorte und Textklasse werden „vorrangig auf empirisch vorfindliche Klassifizierungen von Texten und Gesprächen bezogen, wie sie von einer bestimmten menschlichen Gemeinschaft vorgenommen werden" (Heinemann/Viehweger 1991: 144). Somit stellen sie ein Potenzial, ein bestimmtes Reservoir an Kenntnissen der Gesellschaft, dar, das durch die Kommunikationsbedürfnisse determiniert wird. Texttyp hingegen wird „als eine theoriebezogene Kategorie zur wissenschaftlichen Klassifikation von Texten verstanden, die auf Erscheinungsformen von Texten bezogen werden, die im Rahmen einer Text- bzw. Gesprächstypologie beschrieben und definiert ist" (ebd.). Sie sind also eingebettet in eine systematische Klassifizierung von Texten mit Hilfe universeller wissenschaftlicher Kriterien und deswegen „nach unten offen, also defektiv, da einer solchen Klassifikation oft die empirisch abgesicherte Basis fehlt" (Heinemann 2000a: 520). In der Arbeit von 2002 wird Texttyp als „Nomination für die Kennzeichnung der jeweils höchsten Stufe einer Texthierarchie" (Heinemann/Heinemann 2002: 156) definiert. Textklasse ist für Heinemann / Heinemann (2002) eine allgemeine und unspezifische Kategorie, die sich „auf die Gesamtheit von potenziellen Textmengen/-Klassen überhaupt" (ebd.: 142) bezieht.

Heinemann (2000a und b) konzentriert sich darauf, die Differenzierung zwischen Textmuster und Textsorte theoretisch zu untermauern, indem er Textmuster als kognitive Muster für die Lösung spezifischer kommunikativer Aufgaben und Textsorten als Repräsentationsformen von Textmustern auf niederer Abstraktionsstufe definiert. Das aufgrund von kommunikativer Erfahrung gebildete Textmuster, das zugleich einen Teil der oben erwähnten kommunikativen Kompetenz eines Sprachteilhabers darstellt, entsteht aus Abstraktionsprozessen und hat daher prototypischen Charakter (Repetitivität, Vagheit, Flexibilität und Variabilität). Textsorten hingegen sind für Heinemann (2000a und b) etwas Konkretes, wodurch auch atypische Merkmale zugelassen werden. Oder anders ausgedrückt: Textmuster bilden „allgemeine kognitive Rahmen-/Verfahrensvorgaben, also kognitive Prozesse zur Generierung und zum Verstehen/Verarbeiten konkreter Textexemplare" (ebd.: 141), wogegen Textsorten als „Ergebnisse kognitiver Operationen" (ebd.) fungieren.

Auch Gansel/Jürgens (2007) verweisen auf terminologische Uneinheitlichkeit und unklare Systematik in der textlinguistischen Diskussion und versuchen die gängigen Termini voneinander abzugrenzen. Aus systemtheoretischer Perspektive unterscheiden sie zwischen Klassifikation (vertikal, hierarchisch) und Typologisierung (horizontal) und versuchen den Begriff *Texttyp* dem Bereich der Typologisierung zuzuordnen. Somit wird Texttyp definiert als „auf linguistischen Kriterien beruhende Zusammenfassung von Texten, die quer zu Textsorten in verschiedenen Kommunikationsbereichen verlaufen" (Gansel/Jürgens 2007: 69). Unter linguistischen Kriterien verstehen die Autoren textinterne Merkmale wie Stil, Medium, Textfunktion oder Themenentfaltung/Vertextung. Der Begriff *Textsorte* wird bei Gansel/Jürgens (2007) in einer hierarchischen Textklassifikation verankert und von dem Begriff *Textklasse* abgegrenzt. Textklasse wird hier definiert als „das Vorkommen einer Menge von Texten in einem abgegrenzten, durch situativ-funktionale und soziale Merkmale definierten kommunikativen Bereich, in dem sich Textsorten ausdifferenzieren" (ebd.: 70). Textsorten werden somit als Einheit definiert, die von sozialen Systemen konstituiert werden und sich unter den strukturellen Bedingungen des Systems verändern. Sie bilden konventionalisierte, institutionalisierte Anschlusskommunikationen innerhalb des Systems und sichern die strukturelle Kopplung zu anderen sozialen oder psychischen Systemen (vgl. ebd.: 81). Anders als Heinemann/ Heinemann (2002) plädieren Gansel/Jürgens (2007) für die Entkoppelung der beiden Begriffe *Textsorte* und *Textmuster* und lehnen das Sich-Aufeinander-Beziehen der beiden Größen ab. Sie gehen davon aus, dass sich für eine Textsorte mehrere Textmuster herausbilden können, da Textmuster zwar konventionalisiert, aber immer auch prozedural offen für Veränderungen sind. Textmuster sind bei Gansel/Jürgens eine Instanz der Reflexivität von Kommunikation und sollten daher im Zusammenhang mit der Entstehung konkreter Textsorten betrachtet werden. Deswegen werden Textmuster „zur Erklärung der Fähigkeiten kompetenter Sprecher herangezogen, heuristisch Strukturen für die Produktion von Texten in bestimmten Kommunikationsbereichen auszuprobieren, bereitzustellen, diese dann zu festigen, zu konventionalisieren, um sie dann wiederum zu variieren" (Gansel 2006: 222).

3. *Gatunek* und *wzorzec tekstu* in der polnischsprachigen Forschung

In der polnischsprachigen Textlinguistik[18] gibt es ebenfalls eine Vielzahl von Begriffen, die sich auf dieselbe Einheit beziehen wie z.B. *gatunek, gatunek*

---

18 Unter der polnischsprachigen textlinguistischen Forschung verstehe ich vor allem die polonistischen und andere neuphilologische, jedoch auf Polnisch verfasste Arbeiten, die im polnischen Forschungsraum zugänglich sind. Zu den germanistischen textlinguistischen Arbeiten mehr bei Heinemann/Bilut-Homplewicz (2005).

mowy (Bartmiński 1998, Wilkoń 2002), *model gatunku/tekstu, wzorzec gatunkowy* (Gajda 1993, Witosz 2001, Wojtak 1999), *wzorzec tekstowy* (Żmigrodzka 1997, Wyrwas 2002), *schemat tekstu* (Boniecka 1999) oder auch *prototyp gatunku* (Rejter 2000), *prototyp tekstu* (Adam 1992). Diese Begriffe haben, wie Witosz (2004: 40) bemerkt, bereits Eingang in den wissenschaftlichen Umlauf gefunden und ihre Vielzahl stiftet Verwirrung, weil zum Teil mit gleicher Terminologie verschiedene Sachverhalte bezeichnet werden und die Begriffe je nach Ansatz unterschiedlich weit oder eng definiert werden[19]. Dies wurde aber, wie zahlreiche Forderungen nach Ordnung und Systematisierung der Terminologie bezeugen, auch erkannt[20].

In den frühen Arbeiten zur Textlinguistik wurde der von Wierzbicka (1983) vorgeschlagene Begriff *genry* bzw. *gatunek mowy* verwendet, den sie von Bachtin (1970, 1986) übernommen hat. Duszak (1998: 213) bemerkt, dass sich diese beiden Termini in der polnischen Textlinguistik nicht eingebürgert haben, da sie eher durch literarische Konnotation gekennzeichnet seien. Dem kann man nur teilweise zustimmen, da in vielen polnischen textlinguistischen Arbeiten die Begriffe *gatunek mowy* und *genre* verwendet werden[21]. Die beiden Termini werden als ein Typ kommunikativer Handlungen (Duszak 1998: 218), als feste Typen von Äußerungen (Wyrwas/Sujkowska-Sobisz 2005: 46) verstanden, die einem Sprachteilnehmer zur Bewältigung der kommunikativen Aufgaben in einer Gesellschaft zur Verfügung stehen (Dobrzyńska 2001: 311). Im Bewusstsein der Mitglieder einer Sprach- und Kulturgesellschaft werden die *gatunki mowy/genry* als Idealisierungen der in ähnlichen Situationen, Handlungen und Texten gewonnenen Erfahrungen aufgefasst. Das grundlegende Merkmal von *gatunki mowy/genre* ist ihre kommunikative Intention. Darüber hinaus ist die feste, erkennbare bzw. intuitiv identifizierbare Struktur sowie das Thema für sie charakteristisch. Heute kann man feststellen, dass sich der Terminus *genre* in der polnischen Textlinguistik nicht etabliert hat[22], während *gatunek mowy* immer noch verwendet wird. Der am häufigsten gebrauchte Begriff ist *gatunek* (Gattung), der teilweise auch in der literaturwissenschaftlichen Tradition verankert ist und in der Textlinguistik keine eindeutige Definition besitzt. Meistens wird *gatunek (Gattung)* in Anlehnung an Bachtin (1986) als *typ tekstu (Texttyp),* als theoretisches Konstrukt (conceptus mentis) verstanden, das als ein auf abstrakter Ebene situiertes Modell gilt und sowohl durch feste als auch peri-

---

19 Auf die Verwirrung im terminologischen Umgang der polnischen Textlinguistik weisen Witosz (2004: 40f.) und (2005: 113), Wyrwas/Sujkowska-Sobisz (2005: 6) und Żarski (2006: 181f.) hin.
20 Siehe u.a. Bartmiński (1998), Żydek-Bednarczuk (2001), Witosz (2004).
21 Besonders unter den Textlinguisten der Schlesischen Schule sind diese Begriffe verbreitet. Siehe: Witosz (2001), Wyrwas (2002), Ostraszewska (2004), Witosz (2005)
22 Dazu mehr bei Żarski (2006: 182f.)

phere Merkmale gekennzeichnet ist. Im Allgemeinen kann man sagen, dass sich der Begriff *gatunek* (Gattung) auf etwas Ideales bezieht und als ein Muster, ein Schema, eine Globalstruktur, ein Prototyp – also als ein theoretisches Konstrukt – verstanden wird, das dazu dient, Texte zu identifizieren und zu differenzieren. Witosz (2004: 43) weist auf einen bedeutenden Punkt hin, indem sie feststellt, dass die Wahl eines Terminus damit zusammenhängt, in welchem theoretisch-methodologischen Kontext die Analyse eines Textes verankert ist. Die kognitive Perspektive bedient sich oft der Bezeichnung *schemat (Schema)* und *prototyp (Prototyp)*, die pragmalinguistische Betrachtungsweise zieht den Begriff *wzorzec (Muster)* vor[23] Darüber hinaus spielen dabei auch die Präferenzen der Forscher eine wichtige Rolle.

Unter *gatunek* (Gattung) versteht Gajda (2001: 255) ein kulturell und historisch gebildetes und konventionell verwendetes Muster der Kommunikation; ein Muster der Textorganisation. Dieses Muster umfasst nicht nur die formalsprachlichen Kategorien, sondern bezieht sich zum einen auf die kognitiven Einsichten, also auf ein mehr oder weniger organisiertes Weltbild und eine Hierarchie der Werte, und zum anderen auf die pragmatischen Bedingungen, also auf die Charakteristik der Beteiligten sowie die Intention ihrer Handlung. Die Verwendung der Sprache – so Gajda (2001) – erfolgt in festen und typischen Formen, die den Sprachbenutzern nicht bewusst sind. Diese kognitive Perspektive erlaubt Gajda (2001) somit, den Begriff *wzorzec gatunkowy* (Gattungsmuster) als mit der Muttersprache erworbene Schemata zu definieren, denen normativer Charakter zugeschrieben wird. Im Hinblick auf die Typologisierungsversuche soll *wzorzec gatunkowy* (Gattungsmuster) einen Teil der sprachlichen Realität widerspiegeln – und zwar in ihrem statischen Aspekt (als ein Bündel von Merkmalen) und in ihrem dynamischen Aspekt (als ein Bündel von Handlungsregeln). Gajda (2001) geht in diesem Zusammenhang auf die *świadomość gatunkowa* (Gattungsbewusstsein) ein als einen kulturellen Ausdruck dessen, wie die Sprachbenutzer ihre eigenen Äußerungsformen verstehen. Damit wird die Frage der sprachlichen Kompetenz angesprochen, die bei ihm eine Grundlage der kognitiven Betrachtungsweise bildet. Erwähnung verdient nach Gajda (2001) die Tatsache, dass die sprachliche Kompetenz aus zwei wichtigen Elementen besteht: aus der Intention der sprachlichen Handlung und aus dem Muster (Konvention) der sprachlichen Handlung. Die beiden Elemente stehen hier in einem kausalen Verhältnis, da die sprachliche Intention mit Hilfe einer Konvention realisiert wird. Man kann demnach sagen, dass die sprachliche Realisierung der Intention stark konventionalisiert ist. Dadurch gewinnt der Begriff *gatunek (Gattung)* eine normierende Kraft, die einen Plan für die Sprecher/Sender und Erwartungen für die Hörer/Empfänger vorgibt. Nach Gajda (2001) sind

---

23 Der Begriff *Muster* hat hingegen bei Heinemann/Heinemann (2002) eine kognitive Färbung.

in der sprachlichen Kompetenz „Bilder" der sprachlichen Handlungen, die man nach Sandig (1997) „Handlungsplan" nennen könnte, enthalten. Diese Bilder sind innere Muster, die beim Sprechen realisiert werden. Die Unterschiede zwischen den idealen Textmustern und den davon abweichenden konkreten Texten weisen darauf hin, dass der Sprecher seine Handlung immer an die äußeren Bedingungen (Situation) anpasst und dadurch auch neue Muster erwirbt. Gajda (2001: 261) behauptet, dass man einen Text nur dann verstehen kann, wenn man auch die Situation versteht, da das Verstehen darauf beruht, die konkreten sprachlichen Handlungen mit entsprechenden Mustern zu identifizieren. Somit ist der Begriff *wzorzec gatunkowy* (Gattungsmuster) eng mit den Situationsmodellen verbunden. Zusammenfassend ist *wzorzec gatunku* (Gattungsmuster) als Element des historisch-gesellschaftlichen Bewusstseins zu definieren, das eng mit anderen Elementen der Kultur korrespondiert. Je nach Breite der gesellschaftlichen Bedürfnisse und Ziele – so Gajda (2001) – ist eine größere Vielfalt und Vielzahl der Gattungen zu erwarten. *Gatunek* (Gattung) ist hingegen die offene, dynamische und historische Struktur, die eine bestimmte Einstellung zur Welt und die soziale Wechselwirkung reproduziert. Deswegen ist *wiedza o wzorcach gatunku* (Gattungsmusterwissen) ein wichtiger Schlüssel zur Erforschung der Kultur einer Gesellschaft und ihres Bewusstseins/ihrer Mentalität.

Den ersten Versuch, den terminologischen „Reichtum" der polnischen Textlinguistik zu systematisieren, hat Witosz (2005) im Werk *„Genologia lingwistyczna. Zarys problematyki"* unternommen, in dem sie auch den theoretischen Rahmen für *genologia lingwistyczna / Textsortenlinguistik* umreißt. Sie plädiert dafür, den Begriff *gatunek* (Gattung) bzw. *wzorzec gatunkowy* (Gattungsmuster) zu verwenden, da die beiden Termini durch keine methodologische Richtung belastet sind und dadurch Neutralität gewähren und sich überdies durch die für einen Terminus notwendige Breite auszeichnen.

Witosz (2004: 42) platziert den Begriff *gatunek* (Gattung) zwischen dem System, in dem er als abstraktes Modell gilt, und dessen Realisierung, also der Norm. In diesem Fall ist *gatunek* ein Teil der kommunikativen Kompetenz, die sich in einer Sprach- und Kulturgesellschaft aufgrund der historischen Bedingungen entwickelt hat und für die Teilnehmer dieser Gesellschaft als Muster, als Vorgabe für die Sprachproduktion und Rezeption funktioniert. Diese kodifizierende Wirkung von *gatunek* ist auch daran zu erkennen, dass die Teilnehmer einer Gesellschaft trotz der sich ständig verändernden kulturellen und sozialen Wirklichkeit imstande sind, das Textmodell zu identifizieren. Witosz (2004: 42) betont hier, dass *gatunek* eine theoretische und keine empirische Kategorie darstellt. Damit ist *gatunek* mit einem Modell zu vergleichen, das ein theoretisches Konstrukt ist und dazu dient, Texte zu identifizieren und zu klassifizieren. *Gatunek* (Gattung) ist für Witosz (2004, 2005) eine mentale Konstruktion, ein Modell bzw. Repräsentant eines bestimmten Texttyps (*typ tekstu*). Darüber hinaus verwendet sie noch den Begriff *model gatunku* (Gattungsmodell) bzw. *wzorzec gatunku* (Gattungsmuster). Im Gegensatz zu Sandig (1986) definiert Witosz (2004) den Begriff *wzorzec tekstowy* (Textmuster) nicht als ein übergeordnetes Modell, das die Situation, die kommunikative Intention, sprachliche Faktoren und stilistische Färbungen umfasst, sondern betrachtet es nur als eine der Ebenen, die die formale Dimension betrifft[24]. Somit ist *wzorzec tekstowy* (Textmuster) ein Teil von *model gatunku* (Gattungsmodell). Zusammenfassend kommt Witosz (2004) zum Schluss, dass *gatunek* (Gattung) ein Repräsentant eines konkreten Textes ist, während *model gatunku* (Gattungsmodel) ein Textmodell darstellt.

Einen anderen terminologischen Vorschlag bietet Wyrwas (2002) an, die zwischen *wzorzec gatunkowy* (Gattungsmuster) und *wzorzec tekstowy* (Textmuster) unterscheidet. Den ersten Begriff definiert sie als die Übertragung eines sprachlichen Handlungstyps auf bestimmte Textstrukturen. Dabei ist *wzorzec gatunkowy* (Gattungsmuster) durch ein invariantes Merkmal der verschiedenen Textrealisierungen – wie z.B. die Intention – gekennzeichnet. Es ist eine gesellschaftlich ausgebildete und reproduktionsfähige Form der sprachlichen Handlung, die im Sprachsystem funktioniert. *Wzorzec tekstowy* (Textmuster) ist dagegen der Repräsentant des Gattungsmusters auf der Ebene eines Textes (vergleichbar mit dem Register bei Halliday/McIntosh/Strevens (1964)). *Wzorzec tekstowy* (Textmuster) einer Handlung lässt sich als konventioneller, intersubjektiver, in einer Gesellschaft vorhandener Handlungssatz (*zespół działań*), der mittels der Sprache realisiert wird und dem eine Intention zugrunde liegt, definieren. Diese Differenzierung ist jedoch eher für die Zwecke der empirischen Analyse bestimmt und nicht explizit theoretisch ausgearbeitet.

4. Konsequenzen / Ausblick

Der hier dargestellte Vergleich, wie die für die Textlinguistik konstitutiven Begriffe in der deutschsprachigen und polnischsprachigen Forschung definiert werden, hat nur exemplarischen Charakter und erhebt auch keinen Anspruch auf die vollständige Zusammenfassung des textlinguistischen Forschungsstandes in beiden Ländern. Es kann hier jedoch festgehalten werden, dass in den polnischsprachigen Arbeiten, wenngleich die Textlinguistik im deutschsprachigen Raum eine längere Tradition hat und sich die polnischen

---

24 Die Bezeichnung *wzorzec tekstowy (Textmuster)* bezieht sich hauptsächlich auf Texte, die eine feste Struktur haben, wie etwa Texte in unterschiedlichen institutionellen Bereichen. Dabei ist die Erwartung an eine konkrete Realisierung des Textmusters sehr hoch.

Forschungen von Anfang an durch einen Mangel an (interner) Kontinuität auszeichneten (vgl. Bartmiński 1998: 19), auch alle wesentlichen textlinguistischen Entwicklungstendenzen vertreten sind. In beiden Forschungsräumen werden bei der Diskussion über die Grundbegriffe pragmatische und kognitive Kriterien zugrunde gelegt, die dann je nach Ansatz weiter ausdifferenziert und auf unterschiedlichen Abstraktionsstufen angesiedelt werden. Deswegen spielen Kriterien wie der Sprecher/Hörer, die Intention, die Situation, die Konvention, die Produktions- und Reproduktionsmechanismen sowie die Verankerung in der kulturellen Bedingtheit eine Schlüsselrolle. Sowohl in Polen als auch in Deutschland wurde der Wert der methodischen Pluralität erkannt, die sich durch die Selbstverständlichkeit äußert, mit der holistische Analysemodelle zur Anwendung kommen, so dass die Forderung nach Stringentheit und Exhaustivität bei der Typologieerstellung längst nicht mehr aktuell ist. Nichtsdestotrotz sind die Mehrdimensionalität und die Komplexität der sprachlichen Objekte für beide Textlinguistiken immer noch eine Herausforderung, und dass sie bereits an einigen Stellen einen unterschiedlichen Entwicklungsweg gehen, ist nur als Zeichen der reifen Selbstverständlichkeit dieser Disziplin zu deuten. In beiden Ländern kreist die Diskussion bei der Bestimmung der grundlegenden Kategorien um deren Positionierung in den Klassifikationen bzw. Typologien der gesamten Textwelt sowie um die Ab-straktionsstufen, auf denen sie erfasst und beschrieben werden sollen.

Unterschiede sind jedoch festzustellen in Bezug auf die Verwendung der Grundbegriffe. Während sich in der deutschen Textlinguistik eine Stabilisierung in Bezug auf den Gebrauch der grundlegenden Begriffe abzeichnet, indem fast nur die Bezeichnungen *Textsorte* und alternativ *Textmuster* verwendet werden, sind für diese Entwicklung in Polen erst mit der Arbeit von Witosz (2005) die Weichen gestellt worden. Sie schreibt: „Die Notwendigkeit, sich gegenüber der wissenschaftlichen Tradition zu positionieren sowie der Versuch, den terminologischen Usus zu vereinheitlichen bzw. zu „erläutern", ist eine sehr schwierige und zugleich notwendige Aufgabe" (Witosz 2004: 121). Nichtsdestotrotz sind ihre Bemühungen ein gelungener Versuch, die textlinguistischen Termini zu systematisieren, indem sie sich für die Verwendung von *gatunek* (Gattung) und *wzorzec gatunkowy* (Gattungsmuster) einsetzt und dies theoretisch begründet.

Neben der terminologischen Vielfalt, die wie angedeutet die Effizienz des wissenschaftlichen Diskurses senkt, ist auffallend, dass selbst der Name *lingwistyka tekstu* (Textlinguistik) in einigen polnischen Arbeiten in Frage gestellt wird bzw. synonym mit anderen Begriffen wie *teoria tekstu* (Texttheorie) oder *tekstologia* (Textologie) gebraucht wird.

Diese Unterschiede zwischen den textlinguistischen Forschungsräumen hängen damit zusammen, dass sich die deutsche Textlinguistik längst von ihrer literaturwissenschaftlichen Schwester verabschiedet und sich von Anfang an selbstständig mit Gebrauchstexten beschäftigt hat, während sich in Polen immer noch einige Linguisten vor mutigen methodologischen bzw. konzeptionellen Schritten scheuen, indem sie behaupten, „Philologie hasst die Hektik"[25]. Diese literaturwissenschaftliche Fixierung ist in der polnischen Textlinguistik vor allem an den zahlreichen literaturwissenschaftlichen Beispielen, an der methodologischen Tradition sowie an dem Begriff *gatunek* (Gattung) ablesbar, während im deutschsprachigen Raum dem Begriff *Gattung* der auf gebrauchsbezogene Texte orientierte Begriff *Textsorte* gegenübergestellt wurde.

Auch das ursprüngliche Interesse der Beschäftigung mit dem Text und vor allem die Pragmatisierung und Kognitivierung der Textlinguistik gestalten sich in beiden Ländern unterschiedlich. Die meisten polnischen Arbeiten zur Textlinguistik erwachsen aus der Untersuchungstradition von Bachtin (1986) und der Literaturwissenschaft/Stilistik, während sich die deutsche Textlinguistik stark an der Sprechakttheorie (Austin (1961) und Searl (1971)) orientiert.

In diesem Zusammenhang stellt sich auch die Frage, wie *Textsorte* ins Polnische übersetzt werden sollte – als *rodzaj tekstu* oder *gatunek tekstu*. Die wörtliche Übersetzung des deutschen Begriffs Textsorte – *rodzaj tekstu* – stellt die polnischsprachigen Textlinguisten vor die Schwierigkeit, den Terminus *rodzaj* in einem methodologischen Kontext zu situieren und würde einen Bruch in der polnischen textlinguistischen Tradition sowie dem in dieser etablierten Sprachgebrauch darstellen[26]. Deswegen schlage ich vor, den Begriff *Textsorte* als *gatunek tekstu* zu übertragen.

Auffallend ist in Polen, dass sich zwei Forschungszentren gebildet haben, die sich mit den Fragen der Textlinguistik beschäftigen, so dass man von einer Lubliner Schule und einer Schlesischen Schule der Textlinguistik sprechen kann. Die germanistische Forschung in Polen ist an mehreren Universitäten vertreten, wird jedoch nicht mit gleicher Intensität betrieben wie die polonistische.

Da es weder in der deutschen noch in der polnischen Textlinguistik die theoretischen Ansätze für eine deutsch-polnisch angelegte Textlinguistik gibt[27], stellt sich hier die Herausforderung, die bisherigen deutschen und polnischen textlinguistischen Errungenschaften zu „vernetzen" und termino-

---

25 Siehe Wilkoń (2002: 27), der die angloamerikanischen Schulen harsch kritisiert, dass sie andere Forschungstraditionen, die nach einer Kontinuität suchen, ablehnen, und ihnen vorwirft, durch Revolutionen einen „Terror der Moderne" einzuführen.
26 Bartmiński (1998: 16) tritt dafür ein, dass sich die terminologische Regelung an Tradition und Usus orientieren sollte.
27 Die ersten konfrontativen empirischen Arbeiten: Sobstyl (2002), dpG (1999), Czachur (2007b).

logisch sowie thematisch zu systematisieren. Dabei kommt den polnischen Germanisten als „Mittler" eine besondere Rolle zu.

Literaturverzeichnis

ADAMZIK, Kirsten (1991): *Forschungsstrategien im Bereich der Textsortenlinguistik*, in: *Zeitschrift für Germanistik. Neue Folge I*, Heft 1, S. 99-109.

ADAMZIK, Kirsten (1995): *Textsorten – Texttypologie. Eine kommentierte Bibliographie*, Münster.

ADAMZIK, Kirsten (2001): *Die Zukunft der Text(sorten)linguistik. Textsortennetze, Textsortenfelder, Textsorten im Verbund*, in: FIX, Ulla/HABSCHEID, Stephan/KLEIN, Josef (Hrsg.): *Zur Kulturspezifik von Textsorten*, Tübingen, S. 15-30.

ADAMZIK, Kirsten (2004): *Textlinguistik. Eine einführende Darstellung*, Tübingen.

ANTOS, Gerd (1997): *Texte als Konstitutionsformen von Wissen. Thesen zu einer evolutionstheoretischen Begründung der Textlinguistik*, in: ANTOS, Gerd/ TIETZ, Heike (Hrsg.): *Die Zukunft der Textlinguistik. Traditionen, Transformationen, Trends*, Tübingen, S. 43-63.

AUSTIN, John (1962): *How to Do Things with Words*. Deutsche Übersetzung: *Zur Theorie der Sprechakte*, Stuttgart 1972.

BACHTIN, Michail (1970): *Problemy poetyki Dostojewskiego*, Warszawa.

BACHTIN, Michail (1986): *Estetyka twórczości słownej*, Warszawa.

BARTMIŃSKI, Jerzy (1998): *Tekst jako przedmiot tekstologii lingwistycznej*, in: BONIECKA, Barbara/BARTMIŃSKI, Jerzy (Hrsg.): *Tekst. Problemy teoretyczne*, Lublin, S. 9-25.

BILUT-HOMPLEWICZ, Zofia (1999): *Zur Mehrdimensionalität des Textes. Repräsentationsformen, Kommunikationsbereiche, Handlungsfunktionen*, Rzeszów.

BILUT-HOMPLEWICZ, Zofia (2004): *Linguistik des ausgehenden und des neuen Jahrhunderts – Tendenzen und Entwicklungsperspektiven*, in: *Studia Germanica Resoviensia 2*, S. 99-111.

BILUT-HOMPLEWICZ, Zofia (2005): *Textlinguistik oder Textwissenschaft? Einige Bemerkungen zur Umorientierung in der Textlinguistik*, in: WIERZBICKA, Mariola/SIERADZKA, Małgorzata/HOMA, Jaromin (Hrsg.): *Moderne deutsche Texte. Beiträge der Internationalen Germanistenkonferenz Rzeszów 2004*, Frankfurt am Main u.a., S. 59-66.

BILUT-HOMPLEWICZ, Zofia (2006): *Bemerkungen zum Stand der Textlinguistik in Deutschland und in Polen – Kommentare zu zwei Grundlagenwerken*, in: KÜRSCHNER, Wilfried/RAPP, Reinhard (Hrsg.): *Linguistik International. Festschrift für Heinrich Weber*, Langerich, S. 359-374.

BONIECKA, Barbara (1999): *Lingwistyka tekstu. Teoria i praktyka*, Lublin.

BRINKER, Klaus (2001): *Linguistische Textanalyse. Eine Einführung in die Grundbegriffe und Methoden*, Berlin.

BUSSMANN, Hadumod (1990): *Lexikon der Sprachwissenschaft*, Stuttgart.

CZACHUR, Waldemar (2007a): *Textmuster im Wandel. Ein Beitrag zur textlinguistischen Erforschung der Vereinssatzungen im 19. Jahrhundert*, Wrocław – Dresden.

CZACHUR, Waldemar (2007b): *Zur konfrontativen Textlinguistik am Beispiel deutscher und polnischer Vereinssatzungen*, in: *Convivium. Germanistisches Jahrbuch Polen 2007*, S. 185-205.

DIMTER, Matthias (1981): *Textklassenkonzepte heutiger Alltagssprache: Kommunikationssituation, Textfunktion und Textinhalt als Kategorien alltagssprachlicher Textklassifikation*, Tübingen.
DOBRZYŃSKA, Teresa (1986): *Teoria tekstu*, Wrocław.
DOBRZYŃSKA, Teresa (1990): *Tekst w kontekście*, Wrocław.
DOBRZYŃSKA, Teresa (1992): *Typy tekstów*, Warszawa.
DOBRZYŃSKA, Teresa (1993): *Pojęcie tekstu – całościowy komunikat*, in: DOBRZYŃSKA, Teresa (Hrsg.): *Tekst. Próba syntezy*, Warszawa, S. 9-22.
DOBRZYŃSKA, Teresa (1996): *Tekst i jego odmiany*, Warszawa.
DOBRZYŃSKA, Teresa (2001): *Typy tekstów i gatunki mowy*, in: BARTMIŃSKI, Jerzy (Hrsg.): *Współczesny Język Polski*. Lublin, S. 306-310.
DUSZAK, Anna (1998): *Tekst, dyskurs, komunikacja międzykulturowa*, Warszawa.
DUSZAK, Anna (2002): *Dokąd zmierza tzw. lingwistyka tekstu?* In: *Poznańskie Spotkania Językoznawcze 9*, S. 102-113.
EHLICH, Konrad (1986): *Funktional-pragmatische Kommunikationsanalyse. Ziele und Verfahren*, in: HARTUNG, Wolf-Dietrich (Hrsg.): *Untersuchungen zur Kommunikation. Ergebnisse und Perspektiven*, Berlin, S. 15-40.
EHLICH, Konrad/Rehbein, Jochen (1979): *Sprachliche Handlungsmuster*. In: SOEFFNER, Hans-Georg (Hrsg.): *Interpretative Verfahren in den Sozial- und Textwissenschaften*. Stuttgart, S. 242-273.
ENGEL, Ulrich (1999): *Deutsch-polnische kontrastive Grammatik*, Heidelberg.
ENGEL, Ulrich (1999): *Deutsch-polnische kontrastive Grammatik ½*, Heidelberg.
FRIES, Udo (1986): *Bemerkungen zur Textsorte Lebenslauf*, in: *A Yearbook of Studies in English Language and Literature 1985/86. Festschrift für Siegfried Korninger. Wiener Beiträge zur Englischen Philologie 80*, S. 39-50.
GAJDA, Stanisław (1993): *Gatunkowe wzorce wypowiedzi*, in: BARTMIŃSKI, Jerzy (Hrsg.): *Encyklopedia kultury polskiej XX wieku*. Tom 2: *Współczesny język polski*. Wrocław, S. 245-258.
GAJDA, Stanisław (2001): *Gatunkowe wzorce wypowiedzi*, in: BARTMIŃSKI, Jerzy (Hrsg.): *Współczesny język polski*, Lublin, S. 255-268.
GAJDA, Stanisław (2005): *Text/dyskurs oraz jego analiza i interpretacja*, in: KRAUZ, Maria / GAJDA, Stanisław (Hrsg.): *Współczesne analizy dyskursu. Kognitywna analiza dyskursu a inne metody badawcze*. Rzeszów, S. 11-20.
GANSEL, Christina (2006): *Heirats- und Bekanntschaftsanzeigen im interkulturellen Vergleich*, in: FOSCHI, Albert Marina/HEPP, Marianne/NEULAND, Eva (Hrsg.): *Texte in Sprachforschung und Sprachunterricht. Pisaner Fachtagung 2004 zu neuen Wegen der italienisch-deutschen Kooperation*, München, S. 218-229.
GANSEL, Christina/JÜRGENS, Frank (2007): *Textlinguistik und Textgrammatik. Eine Einführung*, Göttingen.
GRUCZA, Sambor (2004): *Od lingwistyki tekstu do lingwistyki tekstu specjalistycznego*, Warszawa.
GRUCZA, Sambor (2007): *„Text" und Text – Zu ihrer Stratifikation*, in: GRZYWKA, Katarzyna/GODLEWICZ-ADAMIEC, Joanna/GRABOWSKA, Małgorzata/KOSACKA, Małgorzata/ MAŁECKI, Robert (Hrsg.): *Kultura – Literatura – Język/Kultur – Literatur – Sprache. Festschrift für Herrn Professor Lech Kolago zum 65. Geburtstag*, Warszawa, S. 904-918.
GÜLICH, Elsabeth/RAIBLE, Wolfgang (1972): *Textsorten. Differenzierungskriterien aus linguistischer Sicht*, Frankfurt am Main u.a.

HALLIDAY, Michael/MCINTOSCH, Angus/STREVENS, Peter (1964): *The linguistic sciences and language teaching*, London.
HARTMANN, Peter (1964): *Text, Texte und Klassen von Texten.* In: *Bogawus. Zeitschrift für Literatur, Kunst und Philosophie 2*, Münster, S. 15-25.
HEINEMANN, Margot/HEINEMANN, Wolfgang (2002): *Grundlagen der Textlinguistik. Interaktion – Text – Diskurs*, Tübingen.
HEINEMANN, Wolfgang (2000a): *Textsorte, Textmuster, Texttyp*, in: BRINKER, Klaus u.a. (Hrsg.): *Text- und Gesprächslinguistik. Ein internationales Handbuch zeitgenössischer Forschung*, Berlin/New York, S. 507-523.
HEINEMANN, Wolfgang (2000a): *Textsorte, Textmuster, Texttyp*, in: BRINKER, Klaus u.a. (Hrsg.): *Text- und Gesprächslinguistik. Ein internationales Handbuch zeitgenössischer Forschung*, Berlin/New York, S. 507-523.
HEINEMANN, Wolfgang (2000b): *Aspekte der Textsortendifferenzierung*, in: BRINKER, Klaus u.a. (Hrsg.): *Text- und Gesprächslinguistik. Ein internationales Handbuch zeitgenössischer Forschung*, Berlin/New York, S. 523-546.
HEINEMANN, Wolfgang (2005): *Textlinguistik versus Diskurslinguistik*, in: WIERZBICKA, Mariola/SIERADZKA, Małgorzata/HOMA, Jaronim. (Hrsg.): *Moderne deutsche Texte*, Frankfurt am Main u.a., S. 17-30.
HEINEMANN, Wolfgang/BILUT-HOMPLEWICZ, Zofia (2005): *Anmerkungen zur germanistischen Textlinguistik in Polen*, in: *Convivium. Germanistisches Jahrbuch Polen*, Bonn, S. 237-257.
HEINEMANN, Wolfgang/VIEHWEGER, Dieter (1991): *Textlinguistik. Eine Einführung*, Tübingen.
ISENBERG, Horst (1978): *Probleme der Texttypologie. Variationen und Determination von Texttypen*, in: *Wissenschaftliche Zeitschriften der Karl-Marks-Universität Leipzig 27/5*, Leipzig, S. 565-579.
KNOBLOCH, Clemens (1990): *Zum Status und zur Geschichte des Textbegriffs*, in: *LiLi 77*, S. 66-87.
KRON, Olaf (2002): *Probleme der Texttypologie: Integration und Differenzierung handlungstheoretischer Konzepte in einem Neuansatz*, Frankfurt am Main u.a.
LERCHNER, Gotthard (1991): *Zur empirischen Beschreibung von Textmustermischungen in einem historischen Textsortenspektrum*, in: MACKELDEY, Roger (Hrsg.): *Textsorten/Textmuster in der Sprech- und Schriftkommunikation. Festschrift zum 65. Geburtstag von Wolfgang Heinemann*, Leipzig, S. 61-67.
LINKE, Angelika/NUSSBAUM, Martin/PORTMANN, Paul (1996) (Hrsg.): *Studienbuch Linguistik*, Tübingen.
MAYENOWA, Maria Renata (1971): *O spójności tekstu*, Wrocław.
MAYENOWA, Maria Renata (1974): *Tekst i język. Problemy semantyczne*, Wrocław.
MAYENOWA, Maria Renata (1976): *Semantyka tekstu i języka*, Wrocław.
MAYENOWA, Maria Renata (1978): *Tekst, język, poetyka*, Wrocław.
MAZUR, Jan (2000): *Textlinguistik im slawischen Sprachraum*, in: BRINKER, Klaus/ANTOS, Gerd/HEINEMANN, Wolfgang/SAGER, Sven (Hrsg.): *Text- und Gesprächslinguistik. Ein internationales Handbuch zeitgenössischer Forschung*, Berlin/New York, S. 153-163.
MICHEL, Georg (1990): *Textmuster und Stilmuster*, in: BAHNER, Werner/SCHILDT, Joachim/VIEHWEGER, Dieter (Hrsg.): *Proceedings of the Fourteenth International Congress of Linguists*. Berlin 1987. 3. Band. Berlin, S. 2178-2180.
MISTRIK, Jozef (1973): *Exakte Typologie von Texten*, München.
OSTRASZEWSKA, Danuta (2004): *Gatunki mowy i ich ewolucja. Tom 2. Tekst a gatunek*, Katowice.
PATER, Heine (1994): *Einführung in die Textlinguistik*, München.

PÜSCHEL, Ulrich (1997): *"Puzzle-Texte"-Bemerkungen zum Textbegriff*, in: ANTOS, Gerd/TIETZ, Heike (Hrsg.): *Die Zukunft der Textlinguistik. Traditionen, Transformationen, Trends*, Tübingen, S. 27-41.
REHBEIN, Jochen (1977): *Komplexes Handeln. Elemente zur Handlungstheorie der Sprache*, Stuttgart.
REJTER, Artur (2000): *Kształtowanie się gatunku reportażu podróżniczego w perspektywie stylistycznej i pragmatycznej*, Katowice.
ROLF, Eckard (1993): *Die Funktionen der Gebrauchstextsorten*, Berlin/New York.
SANDIG, Barbara (1983): *Textsortenbeschreibung unter dem Gesichtspunkt einer linguistischen Pragmatik*, in: *Textsorten und literarische Gattungen. Dokumentation des Germanistentages in Hamburg vom 1. bis 4. April 1979*, Berlin, S. 91-102.
SANDIG, Barbara (1986): *Stilistik der deutschen Sprache*, Berlin/New York.
SANDIG, Barbara (1997): *Formulieren und Textmuster. Am Beispiel von Wissenschaftstexten*, in: JAKOBS, Eva-Maria (Hrsg.): *Schreiben in der Wissenschaft*, Frankfurt am Main u.a., S. 25-44.
SCHMIDT, Siegfried J. (1976): *Texttheorie. Probleme einer Linguistik der sprachlichen Kommunikation*, München.
SCHOENKE, Eva (2000): *Textlinguistik im deutschsprachigen Raum*, in: BRINKER, Klaus/ANTOS, Gerd/HEINEMANN, Wolfgang/SAGER, Sven (Hrsg.): *Text- und Gesprächslinguistik. Ein internationales Handbuch zeitgenössischer Forschung*, Berlin/New York, S. 123-131.
SEARLE, John (1971): *Sprechakte: Ein sprachphilosophischer Essay*, Frankfurt am Main.
SOBSTYL, Katarzyna (2002): *Ogłoszenia towarzysko-matrymonialne w języku polskim i niemieckim. Studium pragmalingwistyczne*, Lublin.
STEGER, Hugo (1983): *Über Textsorten und andere Textklassen*, in: *Textsorten und literarische Gattungen. Dokumentation des Germanistentages im Hamburg 1979*, Berlin, S. 25-67.
VIEHWEGER, Dieter (1982): *Handlungsziele und Handlungsbedingungen komplexer Äußerungsfolgen: Untersuchungen zu einer handlungsorientierten Textanalyse*, Berlin.
Von LAGE-MÜLLER, Katrin (1995): *Text und Tod. Eine handlungstheoretisch orientierte Textsortenbeschreibung am Beispiel der Todesanzeige in der deutschsprachigen Schweiz*, Tübingen.
WERLICH, Egon (1975): *Typologie der Texte. Entwurf eines textlinguistischen Modells zur Grundlegung einer Textgrammatik*, Heidelberg.
WIERZBICKA, Anna (1983): *Genry mowy*, in: DOBRZYŃSKA, Teresa/JANUS, Elżbieta (Hrsg.): *Tekst i zdanie. Zbiór studiów*, Wrocław, S. 125-137.
WILKOŃ, Aleksander (2002): *Spójność i struktura tekstu. Wstęp do lingwistyki tekstu*, Kraków.
WILKOŃ, Aleksander (2004): *Ponadgatunkowe typy wypowiedzi*, in: OSTASZEWSKA, Danuta (Hrsg.): *Gatunki mowy i ich ewolucja. Tom 2: Tekst a gatunek*, Katowice, S. 15-19.
WITOSZ, Bożena (2001): *Gatunek – sporny (?) problem współczesnej refleksji tekstologicznej*, in: *Teksty Drugie*, S. 67-85.
WITOSZ, Bożena (2001): *Stylistyka a pragmatyka*, Katowice.
WITOSZ, Bożena (2003): *Schematy, wzorce tekstowe, gatunki mowy ... (O kategoryzacji, kategoriach wypowiedzi językowych i ich modelowaniu)*, in: *Przestrzeń teorii 2*, S. 89-102.
WITOSZ, Bożena (2004): *Text i/a gatunek. Jeden czy dwa modele?* in: OSTRASZEWSKA, Danuta (Hrsg.): *Gatunki mowy i ich ewolucja. Tekst a gatunek*, Tom II, Katowice, S. 40-49.
WITOSZ, Grażyna (2005): *Genologia lingwistyczna. Zarys problematyki*, Katowice.

WOJTAK, Maria (1999): *Modlitwa ustalona – podstawowe wyznaczniki gatunku*, in: ADAMOWSKI, Jan/NIEBRZEGOWSKA, Stanisława (Hrsg.): *W zwierciadle języka i kultury*, Lublin, S. 187-196.

WOJTAK, Maria (2004): *Wzorce gatunkowe wypowiedzi a realizacje tekstowe*, in: OSTRASZEWSKA, Danuta (Hrsg.): *Gatunki mowy i ich ewolucja. Tom 2: Tekst a gatunek*, Katowice, S. 29-39.

WYRWAS, Katarzyna (2002): *Skarga jako gatunek mowy*, Katowice.

WYRWAS, Katarzyna/SOBISZ-SUJKOWSKA, Katarzyna (2005): *Mały słownik terminów teorii tekstu*, Kraków.

ŻARSKI, Waldemar (2006): *Genre, gatunek, wzorzec gatunkowy, typ, rodzaj... czyli o odmiennym rozumieniu podobnych terminów*, in: *Rozprawy Komisji Językowej*. Tom XXXIII, S. 179-186.

ŻMIGRODZKA, Bożena (1997): *Testament jako gatunek tekstu*, Katowice.

ŻYDEK-BEDNARCZUK, Urszula (2001): *Typy, odmiany, klasy... tekstów*, in: WITOSZ, Bożena (Hrsg.): *Stylistyka a pragmatyka*, Katowice, S. 114-125.

Braucht Europa ein *Gravitationszentrum*? Eine Analyse des Diskurses über die Zukunft Europas in der „Süddeutschen Zeitung" und in der „Gazeta Wyborcza" nach der Berliner Humboldt–Rede von Joschka Fischer

Jarochna Dąbrowska-Burkhardt (Zielona Góra)

Czy Europa potrzebuje *centrum grawitacji*? Analiza dyskursu o przyszłości Europy w „Süddeutsche Zeitung" i „Gazecie Wyborczej" po przemówieniu Joschki Fischera na Uniwersytecie Humboldta w Berlinie.

Na Bazie korpusu złożonego z tekstów prasy ogólnopolskiej („Gazeta Wyboircza") i ogólnoniemieckiej („Süddeutsche Zeitung") autorka niniejszego artykułu proponuje analizę dyskursu, toczącego się szczególnie intensywnie od lat dziewięćdziesiątych ubiegłego stulecia wokół przyszłości Europy i jej konstytucji. Artykuł koncentruje się na wygłoszonym 12 maja 2000 na Uniwersytecie Humboldta w Berlinie wykładzie Joschki Fischera oraz komentarzach do tegoż wykładu, obecnych w wymienionych wyżej czasopismach. Głównym punktem zainteresowania autorki jest analiza metafory *Gravitationszentrum (centrum grawitacji)*. Przeprowadzone badanie skupia się na trzech aspektach badawczych: 1. Jakimi metodami i instrumentami badawczymi realizowana jest powyższa metafora 2. Jakie podobieństwa i różnice dają się zauważyć w obu dyskursach 3. Jakie wzory argumentacji obecne są w każdym z tych dyskursów.

Einleitung

Der folgende, im Bereich der Diskursanalyse und der Politolinguistik angesiedelte Beitrag untersucht einen Ausschnitt des transnationalen Diskurses über die „europäische Verfassung". Anhand internationaler und interlingualer Korpora, die aus deutschen und polnischen Zeitungstexten bestehen, wird der in beiden Ländern auf dasselbe Thema rekurrierende und zur gleichen Zeit stattfindende Diskurs über die Zukunft Europas und seine Verfassung untersucht. Die Diskursanalyse stellt ein linguistisches Aufgabenfeld sui generis dar, „deren Gegenstand hinsichtlich des Merkmals ‚Themenidentität´ ausgewiesen ist" und den Diskurs als „massenmedial repräsentierte Kommunikation politischer Themen" begreift (vgl. Kämper 2005: 82f.).

Ausgehend von einem sprachthematischen Diskurs, den man in Deutschland und Polen parallel untersucht, wird in diesem Beitrag die Presseberichterstattung beider Länder anhand der überregionalen Printmedien der „Süddeutschen Zeitung" und der „Gazeta Wyborcza" analysiert, die einen Bestandteil des gesamteuropäischen Diskurses um das EU-Verfassungsprojekt bilden. Diesen Diskurs konstituiert zugegebenermaßen nicht nur die Presse, sondern er entsteht genauso im Rundfunk, Fernsehen, Internet, in Parlamentsdebatten, Reden oder auch in privaten Gesprächen der Sprachteilhaber. Da aber jedes Korpus, das einen Diskurs repräsentieren soll, „eine Gratwanderung zwischen ökonomisch Machbarem und wissenschaftlich Verantwortbarem" ist, gilt es sich zu entscheiden, aus der Fülle der Texte, die in der heutigen medialen Landschaft existieren, eine Auswahl zu treffen (vgl. Hermanns, 1995: 89f.), die „bereits im Vorfeld der Analyse ein hermeneutisches Verfahren" darstellt (Böke/Jung/Niehr/Wengeler 2000: 16).

1. Zur EU-Verfassung

Die politisch brisante Frage der „europäischen Verfassung" beschäftigt bereits in den 90ern Jahren des 20. Jahrhunderts viele Gemüter, allerdings bleibt eine intensive Beschäftigung mit ihr überwiegend auf die Wissenschaft und den Meinungsaustausch im Europäischen Parlament begrenzt (vgl. Scholl 2006: 52). Die politischen Debatten gestalten sich demnach bescheiden, werden von den Medien wenig beachtet und geraten kaum an die Öffentlichkeit. Das Jahr 2000 bringt einen Wandel in der bisherigen Diskursführung um die europäische Verfassung. Am 12. Mai 2000 hält der deutsche Außenminister, Joschka Fischer, wenngleich als Privatmann, an der Humboldt–Universität zu Berlin die Rede „Vom Staatenverbund zur Föderation. Gedanken über die Finalität der europäischen Integration" (Fischer 2000). Diese Rede, die im Vorfeld der geplanten größten Erweiterung um die mittelosteuropäischen Staaten gehalten wird, rückt die Debatte über die europäische Verfassung ins mediale Rampenlicht und zeigt sich wegweisend für die nächste Dekade. In diesem Zusammenhang lässt sich feststellen, dass der Berliner Vortrag Fischers – in Anlehnung an Fritz Hermanns – eine Art „Prototext des Diskurses" darstellt – also einen Text, der „ein Thema aufbringt" und auch „die Leitvokabeln zur Diskussion" stellt. Die untersuchten Zeitungsartikel sind, außer durch das Thema der politischen Zukunft Europas, mit seinem Verfassungsvertrag auch dadurch intertextuell verbunden, dass „der eine Text die Antwort auf den anderen sein kann", und wenn nicht Antwort, dann „doch ein Echo – wenn auch manchmal nur eine fernes" (Hermanns 1995: 88). Bei einem fernen Echo wird der Bezug der Texte aufeinander erwartungsgemäß indirekter als bei expliziten Redewiedergaben ausfallen. Dieses Merkmal der Intertextualität bezieht sich sowohl auf national als auch auf transnational geführte Diskurse.

Den Schwerpunkt des folgenden Beitrags bildet die empirische Untersuchung eines, nach kognitivistischer Tradition verstandenen, „Metaphernnetzes" (vgl. Klein 2002: 221) um die lexikalische Einheit *Gravitationszentrum*. Unter diesem Terminus versteht Joschka Fischer eine Gruppe von Staaten, „die aus tiefer europäischer Überzeugung heraus bereit und in der Lage sind, mit der politischen Integration voranzuschreiten" (Fischer 2000: 35).

Nach Fischers Aussage stellt die Bildung eines *Gravitationszentrums* eine Etappe auf dem Weg zum europäischen Verfassungsvertrag dar (Fischer 2000: 36).

2. Zum Untersuchungskorpus

Das Untersuchungskorpus besteht aus Zeitungstexten der deutschen und polnischen Tagespresse, die sich in der Rolle als „Chronist und Dokumentarist des Tagesgeschehens" für die folgende Untersuchung als besonders geeignet erweisen (vgl. Vogel 1998: 35). Aus den überregionalen Printmedien, die auf beiden Seiten der Oder herausgegeben werden, wird jeweils eine Tageszeitung einer linguistischen Untersuchung unterzogen. Die deutsche Berichterstattung repräsentiert die „Süddeutsche Zeitung" (SZ), die polnische Seite wird von der „Gazeta Wyborcza" (GW) vertreten. Diese Zeitungen gehören zu den wichtigsten überregionalen Printmedien Deutschlands bzw. Polens. Die politische Richtung der SZ ist nicht ganz unproblematisch, weil das Presseorgan sowohl als „rot" als auch als „konservativ" charakterisiert wurde, wobei „die gängigste Klassifizierung als ‚links-liberal', allenfalls, die am wenigsten falsche Vereinfachung" bedeutet. Die Attribuierung „liberal" steht in diesem Zusammenhang für verschiedene politische Perspektiven, die in der Zeitung vertreten werden, obwohl auf extreme Sichtweisen verzichtet wird (vgl. Dürr 1980: 63). Nach Aussagen von Politikern und Pressesprechern gilt die Zeitung als sozialliberal (vgl. Wilke 1999b: 312). In dem Blatt lassen sich Argumentationen pro und contra finden, es macht sich die Beschreibung der dargestellten Ereignisse aus unterschiedlichen Blickwinkeln zu eigen und versucht, sich deren kategorischer Wertung zu entziehen (vgl. Dürr 1980: 64). Die SZ zeichnet sich durch ihre inhaltliche Originalität aus, die unter anderem in der jeweils auf der ersten Seite veröffentlichten Leitglosse in der Kolumne „Streiflicht" zum Ausdruck kommt. Eine Besonderheit bildet außerdem die jeweils dritte Seite jeder Ausgabe, die von Dürr als „das eigentliche Aushängeschild der Zeitung" betrachtet wird, weil dort Redakteure und Auslandskorrespondenten Einblick in die Hintergründe von Ereignissen gewähren und „über das bloße Faktenwissen" hinausgehen (vgl. Dürr 1980: 73). Den überregionalen Status der SZ sichert vor allem ihre Nutzungshäufigkeit durch Journalisten, gekoppelt mit der weiten Verbreitung unter den „Entscheidungsträgern in Wirtschaft und Verwaltung", sowie die Funktion des Blattes als das eines „Resonanzorgans", das Tendenzen aufgreift, die mit der Zeit von anderen Zeitungen übernommen werden (vgl. Wilke 1999b: 312). Die „Gazeta Wyborcza" entstand aus der früheren Untergrundpresse und hatte von Anfang an den bekannten ehemaligen Oppositionellen und Bürgerrechtler Adam Michnik als Chefredakteur. Besondere Relevanz hat die Tatsache, dass sie die erste unabhängige Zeitung in Polen war und in den ersten Monaten ihrer Existenz als Presseorgan der triumphierenden Gewerkschaft „Solidarność" galt (vgl. Pisarek 1998: 140). Diese Affinität zu „Solidarność" findet in der ersten Phase in einer originellen, jeder Ausgabe beigelegten Vignette mit Solidarność-Abzeichen samt der Losung, die unter vielen anderen zur Zeit des Ausnahmezustands in Polen entstand und „Nie ma wolności, bez solidarności!"[1] lautet, ihren Niederschlag. Meinungsverschiedenheiten innerhalb des „Solidarność-Lagers" führen zur Spaltung, gegenüber der auch die Zeitung nicht immun bleibt. Als Ergebnis des „Krieges oben" wird der Zeitung das Recht auf die Verwendung der Vignette aberkannt. Ein paar Tage lang erscheint die GW mit der abgeschnittenen Losung „Nie ma wolności"[2], auf die jedoch das Blatt kurz darauf ganz verzichtet (vgl. Mielczarek 2007: 91). Mielczarek stellt fest, dass sich die politische Linie dieser Zeitung ihrer Einstellung gegenüber den wichtigsten Kampagnen entnehmen lässt, indem sie bei den präsentierten Inhalten „zentrum-linke" Positionen bezieht (vgl. Mielczarek, 2007: 92). Die „Gazeta Wyborcza" gilt als eine Zeitung, die Vertreter unterschiedlicher Trends bezüglich Politik, Kultur und Gesellschaft sowohl aus dem Inland als auch aus dem Ausland zu Wort kommen lässt.

Der Untersuchungszeitraum beginnt am 12. Mai und endet am 30. Juni 2000. In dieser Zeit werden in der „Süddeutschen Zeitung" 79 Texte, in „Gazeta Wyborcza" hingegen 130 zum Thema der politischen Zukunft Europas veröffentlicht. Die Tatsache, dass in Polen zu diesem Thema über 50 Artikel mehr erscheinen, resultiert aller Wahrscheinlichkeit nach daraus, dass sich Polen zu diesem Zeitpunkt bereits in den Beitrittsverhandlungen mit der EU befindet und damit alles, was die EU betrifft für Polen etwas Neues darstellt und für den polnischen Leser von hoher Relevanz ist. Europäische Themen haben demnach in Polen einen „Newscharakter", wohingegen sie im Westen unter „business as usual" fallen.

3. Untersuchungsgegenstand

Den Untersuchungsgegenstand dieses Beitrags bildet das „Metaphernnetz" um den in Fischers Rede explizit genannten Terminus *Gravitationszentrum*. Das Untersuchungsziel besteht darin aufzuzeigen:

1. Mit welchem diskursgebundenen lexikalischen Inventar, d. h. mit welchen Wörtern und metaphorischen Äußerungen im Umfeld des *Gravitationszentrums* ein abstrahierter Metaphernbereich realisiert wird.

---

1 Es gibt keine Freiheit ohne Solidarität [JDB].
2 Es gibt keine Freiheit [JDB].

2. Welche Gemeinsamkeiten und Unterschiede sich in den beiden national geführten Diskursen feststellen lassen.
3. Welche Argumentationsmuster im transnationalen Diskurs die Kontextualisierungen des diskursrelevanten Wortschatzes und des Metaphernnetzes *Gravitationszentrum* nach sich ziehen.

4. Linguistische Analyseebenen

Auf der sprachlichen Analyseebene können verschiedene linguistische Teilaspekte wie z.B. Lexik, Metaphorik und Argumentation untersucht werden. Alle drei Diskurs-Konstituenten sind auch für die vorliegende Untersuchung des diskursrelevanten Wortschatzes um das Lexem *Gravitationszentrum* relevant und werden in diesem Beitrag behandelt.

4.1 Wortanalyseebene

Bei internationalen und sprachlich heterogenen Korpora ist es erforderlich, dass der Stellenwert von den zum Vergleich herangezogenen Wörtern richtig interpretiert werden muss. Eine bedeutsame Rolle spielt bei diesem Vergleich die richtige Deutung des argumentativen Potenzials der Wörter samt ihrer deontischen Bedeutung, die gewichtiger als die wörtlichen Übersetzungsübereinstimmungen ist. In diesem Kontext gilt es auch zu berücksichtigen, dass man sich bei Wortschatzvergleichen auf solch eine fiktive Parallelität nicht einlassen soll. Bei der Wortanalyse spielt gerade der Kontext, in dem die Wörter auftreten, eine signifikante Rolle (vgl. Böke/Jung/Niehr/Wengeler 2000: 19). Beim interlingualen Vergleich geht es demnach nicht um isolierte Lexeme oder auch ganze Wortfelder, sondern um die Interpretationsverlagerung von der Wort- und Satzebene auf die Text- und Diskursebene. Von den Lexemen, die als „diskursrelevant" bezeichnet werden, erwartet man, dass sie sowohl qualitative als auch quantitative Voraussetzungen erfüllen, d.h., dass sie sach- und zeittypisch sind sowie stark frequentiert auftreten. Manche dieser Lexeme können sich mit der Zeit zu politischen Schlüsselwörtern entwickeln. Als ‚Schlüsselwörter' werden in Anlehnung an Karin Böke Ausdrücke bezeichnet, die „als Kürzel für komplexe politische Argumentations-, Deutungs- und Handlungsmuster verwendet [werden] und [...] in der Öffentlichkeit Beachtung [gewinnen], wo unterschiedliche Deutungs- und Handlungsmuster miteinander in Konflikt geraten" (Böke 1996: 21).

4.2 Metaphernanalyseebene

Metaphern gelten als „Übertragung". Sie werden ebenfalls als „verkürzter Vergleich" betrachtet, bei dem die jeweiligen Elemente aus zwei unterschiedlichen „Teilwortschätzen" stammen und miteinander kombiniert werden, um auf Adressaten ostentativ und nachdrücklich zu wirken (vgl. Drommel/Wolff 1978: 72). Sie besitzen eine argumentationsstützende Funktion, die besonders deutlich bei der diskursanalytischen Untersuchung des politischen Sprachgebrauchs zum Ausdruck kommt und somit auch von wesentlicher Bedeutung für diese Studie ist. Da die methodische Vorgehensweise zwischen verschiedenen Ebenen der Metapher unterscheidet, ist es unabdingbar, die für die folgende Analyse nötigen terminologischen Begrifflichkeiten zu präzisieren. Bei der Metaphernanalyse erscheint für diesen Beitrag die Theorie der „metaphorischen Konzepte" George Lakoffs und Mark Johnsons von besonderer Relevanz. Beide Wissenschaftler sind Autoren einer kognitiven Metapherntheorie, in der sie nicht die sprachliche Realisierung einer Einzelmetapher, sondern das tiefer als sie liegende Konzept ins Zentrum des wissenschaftlichen Interesses rücken, denn „unser alltägliches Konzeptsystem, nach dem wir sowohl denken als auch handeln, ist im Kern und grundsätzlich metaphorisch." (vgl. Lakoff/Johnson 2007: 11ff.). Eine Einzelmetapher bildet „lediglich eine (von oft vielen) Ausprägung eines tiefer liegenden Konzepts" (vgl. Klein 2002: 221), das in dieser konkreten Untersuchung mit bestimmten metaphorischen Äußerungen verbunden ist, wie z.B. *Gravitationszentrum, Kerneuropa, Europa verschiedener* bzw. *unterschiedlicher Geschwindigkeiten, europäische Avantgarde, Pioniere* etc.. Die genannten ‚Metaphernlexeme' werden auf der Ebene des sprachlichen Ausdrucks realisiert, sind lexikalisch sehr differenziert und beziehen sich auf ein abstrahiertes, tiefer liegendes ‚Metaphernkonzept', wie etwa bei *Gravitationszentrum*: „Führungsgruppe als Anziehungskraft", bei *Kerneuropa*: „Führungsgruppe als Mittelpunkt", bei Europa verschiedener Geschwindigkeiten bzw. „Führungsgruppe durch Geschwindigkeit" und bei Metaphernkonzepten wie *europäische Avantgarde* oder *Pioniere*: als „Führungsgruppe als geistige Vorkämpfer".

Diese Metaphernkonzepte bilden Bestandteile ein und desselben ‚Metaphernbereichs', eines umfassenderen Begriffs, der im hier untersuchten Korpus: „Führungsanspruch durch Überlegenheit" lautet. In diesem Fall wird im ‚Metaphernbereich' ein Sachverhalt thematisiert, der als Legitimation dessen dient, was gewisse Länder zu den führenden macht, andere hingegen unbedeutend erscheinen lässt.

4.3 Zur Argumentationsmusterebene

In einem großen Textkorpus eines öffentlichen Themenbereichs lassen sich ebenfalls Argumentationsmuster erforschen, bei denen es sich in erster Linie um abstrakte, überwiegend logisch orientierte Argumentationen handelt, die in einer bestimmten Zeit dominieren und im Untersuchungskorpus immer wieder thematisiert werden. In Anlehnung an Wengeler werden unter Argumentationsmustern die im Korpus wiederkehrenden Aussagen verstanden, mit denen „für und gegen jeweilige Einstellungen, Vorhaben und Handlungen argumentiert wird" (Wengeler 2003: 175). Analysen diskursiver Argumentationen vermitteln einen Einblick in dominierende Denkweisen einer Zeit. Wengeler äußert: „Mit der Argumentationsanalyse soll ein Zugang geschaffen werden zu den in einem Diskurs zu einer bestimmten Zeit dominanten Denkmustern, da diese sich besonders in öffentlichen Debatten immer auch in Argumentationen pro oder contra politischer Entscheidungen, Überlegungen und Meinungen niederschlagen" (Wengeler 1997: 98).

5. Empirische Analyse des diskursrelevanten Wortschatzes

Den Ausgangspunkt für die empirische Analyse bildet einer der zentralen Begriffe in Fischers Rede: das *Gravitationszentrum*. Joschka Fischer, der für die Zeit seines an der Berliner Humboldt–Universität gehaltenen Vortrags das Amt des Bundesaußenministers abzulegen wünscht, gibt sich als ein um die Zukunft Europas besorgter „Privatmann" und stellt seine Europa-Vision in Form eines Dreischritts vor, der aus der *verstärkten Zusammenarbeit* – dem *Gravitationszentrum* – und der *Föderation* besteht. Jedem dieser Termini wird im europäischen Diskurs äußerst emotional begegnet. Der Grund hierfür resultiert zum einen aus den unterschiedlichen Konnotationen, die z.B. der Begriff *Föderation* in verschiedenen europäischen Ländern auslöst (vgl. Musolff 1995: 8ff.), zum anderen aber auch aus dem brisanten Aussagegehalt der Begriffe, die in Abhängigkeit von der Betrachtungsperspektive entweder als gerechte Lösung oder aber als Integrationshierarchisierung der europäischen Entwicklung wahrgenommen werden. Daraus folgt, dass sowohl unter den europäischen Bürgern als auch unter den europäischen Staaten Dissens über den Weg, den Europa in der Zukunft beschreiten sollte, herrscht. Besonders deutlich sind an dieser Stelle Diskrepanzen, die aus der divergierenden Vorstellung über die Stärke der Kooperationsaktivitäten der einzelnen Länder resultieren. In diesem Kontext erscheint die Analyse des diskursrelevanten Wortschatzes bedeutsam zu sein, weil er, Metaphorik inbegriffen, eine argumentationsstützende Funktion im untersuchten Diskurs ausübt.

5.1 Zum Terminus Gravitationszentrum

Das Duden-Wörterbuch – Die deutsche Rechtschreibung–online verzeichnet das Substantiv *Gravitationszentrum* und definiert das Stichwort mit den Worten „Schwerpunkt, zentraler Bezugs- und Anziehungspunkt" (Duden-online). Das Lexem ruft direkte Assoziationen zu Naturgesetzen und zum Namen Newton hervor, der das Gravitations-Gesetz 1687 formulierte (vgl. BROCKHAUS, Bd. 9: 72). Überraschenderweise wird dieser Terminus von Joschka Fischer in seiner Berliner Rede am 12. Mai 2000 in den Kontext der politischen Integration Europas gestellt. Es handelt sich dabei um eine Neubedeutung des Lexems *Gravitationszentrum*, das sich auf eine besondere, die Integration belebende und anregende Methode der Vertiefung europäischer Zusammenarbeit bezieht. Die Schlüsselrolle in dieser Kooperation wird Deutschland und Frankreich zugesprochen, denn nach Fischer wird „ohne engste deutsch-französische Zusammenarbeit [...] auch künftig kein europäisches Projekt gelingen" (Fischer 2000: 35).

Die Hervorhebung der deutsch–französischen Partnerschaft stellt in diesem Zusammenhang kein Novum dar, weil sie bereits 1946 in der bekannten Züricher Rede Winston Churchills explizit thematisiert wird: „Der erste Schritt bei der Neugründung der europäischen Familie muss eine Partnerschaft zwischen Frankreich und Deutschland sein. Nur auf diese Weise kann Frankreich die moralische Führung Europas wieder erlangen. Es gibt kein Wiederaufleben Europas ohne ein geistig großes Frankreich und ein geistig großes Deutschland" (Churchill 1946: 85). An diese Vorstellung – nicht nur Churchills – knüpft offensichtlich Fischer an. Das Vorgehen des deutschen Außenministers unterscheidet sich in diesem Aspekt nicht wesentlich von anderen Vorschlägen der vertieften Integration, bei der sich *Berlin und Paris [...] als Motoren der EU verstehen* (SZ 19.06.2000: 6) und in analysierten Texten als *Kerneuropa* (SZ 13.05.2000: 4), *europäische Avantgarde* (GW 15.05.2000: 4), *Pioniergruppe* (SZ 30.06.2000: 4) oder auch *die, die in Europa die Vorreiterrolle zu übernehmen haben* (SZ 28.06.2000: 3) attribuiert werden.

Die angeführten Lexeme enthalten Zündstoff, weil sie Sachverhalte thematisieren, die eine Abgrenzung einer Staatengruppe von der anderen implizieren. Die asymmetrische Betrachtung besteht darin, dass die Eigengruppe sich fürs Erste selbst definieren muss, um mittels der „konträren Zuordnungen" das Selbst- und das Fremdbild zu entwerfen und moralisch zu bewerten. Koselleck formuliert: „Eine politische oder soziale Handlungseinheit konstituiert sich erst durch Begriffe, kraft derer sie sich abgrenzt und damit andere ausgrenzt, und d.h. kraft derer sie sich selbst bestimmt" (Koselleck 1975: 65f.). Der Ausgrenzung folgt die moralische Bewertung der Gruppen, die im Untersuchungskorpus offensichtlich ist. Das *Gravitationszentrum*, der *Kern*, die *europäische Avantgarde* und *Pioniere* erscheinen als erstrebenswerte Größen und ihre assoziierte Wertung kann als positiv gewertet werden. Sie sind den anderen an der *Peripherie*, dem *Rand*, dem *Nichtkern* positionierten, platzierten, kreisenden etc. Staaten überlegen, weil die ersten ihren Führungsanspruch mit der ‚Anziehungskraft', dem ‚Mittelpunkt' oder auch der ‚geistigen Vorreiterrolle' zum Ausdruck bringen und bestimmen, wo es langgeht. Die Ausgrenzungsstrategie suggeriert zwei Gruppen von Europäern, die einen, die zum Kern, die anderen, die zur Peripherie gehören.

5.2 Zur Beleganalyse

Sowohl die „Süddeutsche Zeitung" als auch „Gazeta Wyborcza" beschäftigen sich eingehend mit dem Vorschlag Joschka Fischers, ein europäisches *Gravitationszentrum*, in dem Deutschland und Frankreich die leitende Rolle spielen werden, zu gründen. Während der Untersuchungsperiode bezieht sich die „Süddeutsche Zeitung" auf dieses Konzept in 38, die „Gazeta Wyborcza" in 33 Texten. Besonders auffallend ist dabei die Tatsache, dass sich die analysierten Artikel keinesfalls auf das Lexem *Gravitationszentrum* beschränken, sondern zahlreiche verwandte Konzepte anführen, bei denen andere Modalitäten der *verstärkten Zusammenarbeit* wie *Kerneuropa, Flexibilität, europäische Avantgarde, Pioniergruppe, Europa verschiedener Geschwindigkeiten* etc. thematisiert werden.

5.2.1 Argumentationsmuster: Im Gravitationszentrum befindet sich Europas Führungsriege

Das Konfliktpotential dieses Metaphernbereichs (vgl. 4.2) thematisiert die „Süddeutsche Zeitung" bereits am 13. Mai 2000:

> Gleichwohl wird der Protest heftig sein, weil diese Vision von Europa verschiedene Geschwindigkeiten zulässt, ein Kerneuropa also, auch wenn man es nun einen Integrationsmagneten nennt oder ein Gravitationszentrum (SZ: Europa, vom Ende her gedacht, 13.05.2000: 4).

Im angeführten Beleg werden nebeneinander drei Integrationswege genannt, die ähnliche, offensichtlich umstrittene Konzepte der flexiblen Integration präsentieren: *Europa, das verschiedene Geschwindigkeiten zulässt, Kerneuropa* und *Integrationsmagnet* bzw. *Gravitationszentrum*. Bei dem *Europa verschiedener Geschwindigkeiten* liegt der Integrationsfokus auf dem zeitlichen Faktor, der sich im untersuchten Diskurs als besonders relevant erweist. Das häufige Thematisieren der Verkehrsmittelmetaphorik wird in mehreren Belegen mittels Metaphernlexemen wie Zug, Auto, Schiff oder Fahrrad sprachlich realisiert. Im untersuchten europapolitischen Diskurs der „Süddeutschen Zeitung" und der „Gazeta Wyborcza" dominiert die Verwendung der Zug-Metapher, mit der die Position der an dem Integrationsprozess beteiligten Staaten festgeschrieben wird. Deutschland und Frankreich sitzen in diesem Zug auf dem heiß begehrten Platz in der *Lokomotive*, sie führen den Zug, d.h. sie bestimmen, wohin und wie schnell die Reise geht.

> [...] Das Gravitationszentrum werde „Lokomotive" für die Föderation sein und müsse offen bleiben für Staaten, die den Schritt später gehen wollten [...] (SZ: Fischer wirbt für europäische Föderation, 13.05.2000: 1).

Der obige Beleg stellt ebenfalls eine Verbindung zwischen den Metaphernlexemen *Gravitationszentrum* und *Lokomotive* her, in der aber neben Deutschland und Frankreich auch Platz für andere interessierte Länder vorhanden ist. Die Offenheit des *Gravitationszentrums* für weitere Staaten wird in mehreren polnischen, aber vor allem deutschen Zeitungstexten hervorgehoben.

Die Verknüpfung der Zug-Metapher mit der Bewegungsmetaphorik, die an den gleichen Metaphernbereich „Führungsgruppe durch Überlegenheit" anknüpft, thematisiert der folgende Beleg aus der „Gazeta Wyborcza":

> Bachmann stellt fest, dass die sogenannte Flexibilitätsregel, d.h. dass nicht jedes Unionsmitglied immer unbedingt das Gleiche machen muss, zum Glück seit langem existiert und sich nicht nur auf die Anwärter aus dem Osten bezieht (sie wird von Dänemark, Griechenland und vor allem von Großbritannien genutzt). „Anstatt darüber zu jammern, dass manche schneller laufen wollen, sollte man an den Diskussionen über die Regeln dieses Wettlaufs teilnehmen. Letztendlich wird jemand denken, dass der Widerstand Polens sich daraus ergibt, dass es überhaupt nicht laufen will, oder es nicht kann." Bachmann meint, dass sich die Unruhe Polens daraus ergibt, dass es nicht daran glaubt, sich schnell an den „harten Kern" anpassen zu können. Grundlos. Den härtesten Kern bildet heute die Wirtschafts- und Währungsunion. Polen erfüllt fast alle Maastricht-Kriterien. Um an der Währungsunion teilzunehmen, soll es dem Euro gegenüber zwei Jahre lang einen stabilen Kurs halten. Relativ schnell könnte es also ganz ins Zentrum gelangen. „Polnische Politiker fürchten, dass die reichsten Passagiere den letzten Waggon abkuppeln bevor Polen es schafft, in ihn hineinzuspringen, sie haben aber nicht bemerkt, dass sie gleich in die Lokomotive einsteigen könnten" – behauptet [Bachmann][JDB] (GW: Stronniczy przegląd prasy, Danuta Zagrodzka, 22.05.2000: 24).

Das angeführte Textfragment, das sich der Worte Klaus Bachmanns, eines deutschen Korrespondenten für Polen bedient macht deutlich, dass polnische Politiker skeptisch und besorgt über die sich in Europa vollziehende Entwicklung sind, weil sie sich nicht trauen, den Anspruch zu erheben, zur Führungsgruppe zu gehören. Der Zeitungstext ermutigt Polen, an die eigenen Kräfte zu glauben und sich zu wagen, Europa mitzugestalten. Voraussetzung hierfür ist aber, dass Polen kooperieren will und seinen Anteil zur Weiterentwicklung Europas beitragen kann. Der Beleg thematisiert explizit, dass Polen zwar weder im europäischen Zug sitzt, geschweige denn sich unter den reicheren Passagieren befindet, aber dass seine Ängste, mit denen es den reichsten Fahrgästen unterstellt, den letzten (sic!) Waggon abkuppeln zu wollen, um sich von den Armen, die mitreisen, zu lösen, unbegründet seien. Ebenso macht die Bewegungsmetaphorik eines Wettrennens deutlich, wer als Favorit gilt und wer das Laufen meidet, um sich möglicherweise nicht zu blamieren.

Als Grund für die „flexible Integration" werden in der „Süddeutschen Zeitung" unter anderem die Unterschiede in der wirtschaftlichen Entwicklung zwischen den europäischen Staaten angegeben. In einem der Belege der „Süddeutschen Zeitung" wird das folgendermaßen thematisiert:

> Flexibilität heißt das Rezept, um es künftig einigen Staaten zu ermöglichen bei der Einigung schneller voranzugehen als andere. Dies ist umso wichtiger, als die wirtschaftliche Kluft zwischen den alten und neuen Mitgliedern enorm sein wird. [...] Flexibilität ist allerdings nicht ohne politische Risiken. Bundesaußenminister Joschka Fischer hat in seiner Rede [...] darauf hingewiesen, dass kein exklusiver Kreis von Mitgliedstaaten innerhalb der Gemeinschaft entstehen darf (SZ: Einheit schafft Zwietracht, 21.06.2000: 4).

In dem Untersuchungskorpus betont die „Süddeutsche Zeitung" immer wieder, dass das Angebot Joschka Fischers, dem *Gravitationszentrum* anzugehören, für alle europäischen Staaten gilt. Fischer sieht diese Avantgarde nicht exklusiv, sondern als Größe, die „für alle Mitgliedstaaten und Beitrittskandidaten offen sein" muss (Fischer 2000: 38). Diese optimistische Sichtweise auf die Zukunft Europas tritt in den polnischen Texten jedoch nur marginal auf, z.B. in der vollständig zitierten Berliner Rede Joschka Fischers (GW 25.05.2000: 17-21) oder in den an die polnische Öffentlichkeit gerichteten beruhigenden Worten des damaligen Außenministers Polens, Bronisław Geremek, der nach dem Treffen mit Joschka Fischer in Berlin sagt:

> Die von Fischer vor kurzem vorgestellte Vision eines föderalen Europas „spricht Polen einen Platz zu, der uns noch nie zugewiesen wurde: in der Avantgarde der europäischen Integration gibt es einen Platz für Polen" – sagte Geremek [JDB] (GW: Polska może być w awangardzie, 24.05.2000: 12).

Diese positiven Stimmen bezüglich der von Fischer angestoßenen europäischen Entwicklung werden in der polnischen Berichterstattung am Rande thematisiert, weil der dominierende Tenor lautet: die Entstehung eines *Gravitationszentrum*s in Europa bedeutet für Polen eine negative Entwicklung. Das von Fischer postulierte *Gravitationszentrum* wird in Polen als Bedrohung angesehen, weil es den polnischen Bürgern nicht realistisch erscheint, einen Platz in der Spitzengruppe der EU anzustreben, ohne ihr Mitglied zu sein. In diesem Kontext zitiert die „Gazeta Wyborcza" die Worte des polnischen Staatspräsidenten Aleksander Kwaśniewski, der sich in Bezug auf die Konzeption Fischers folgendermaßen äußert:

> Wissend, wie sehr Europa bei jeder weiteren Erweiterung bereichert wurde, postuliert man, dass sich die Integrationssenioren aus dem Staub machen und eine europäische Avantgarde bilden. Es ist schwierig, mit einer solchen Sichtweise auf die Zukunft der EU einverstanden zu sein. [....] Den „harten Kern" Europas stellt [...] ihrer Meinung nach nur die Eurozone dar, ohne die Engländer, die „auf dem Zaun sitzen" und ohne Länder wie Polen, die jahrelang im „europäischen Vorzimmer" [...] warten müssen [JDB] (GW: Odwagi, Europo, 15.05.2000: 4).

Die Integrationsvertiefung innerhalb der EU wird von Polen als unerfreuliches „sich aus dem Staub" machen der Senioren Europas gewertet, weil der EU-Anwärter im Angesicht der geplanten Osterweiterung in der von Fischer postulierten Fit-Machung der EU einen Vorwand sieht, die Verhandlungen mit den Beitrittskandidaten auf die lange Bank zu schieben. Eine von Fischer vorgeschlagene Entwicklung Europas würde für Polen eine Verzögerung des EU-Beitritts bedeuten, weil das Land über eine nicht näher definierte Periode im *europäischen Vorzimmer* hingehalten und mit Versprechungen abgespeist werden würde. Die Schaffung eines „harten Kerns" wird demnach als bedrohlich für die Zukunft Polens eingestuft. Eine ähnlich kritische Wahrnehmung gegenüber der *Gravitationszentrum*-Idee Fischers, stellt ein weiterer Text der „Gazeta Wyborcza" dar, in dem Worte von Václav Havel veröffentlicht werden. Sie lauten:

> Diese Vorstellung, dass auf eine konstante Art und Weise nebeneinander zwei Europas existieren könnten – ein demokratisches, stabiles, gut prosperierendes und sich integrierendes und das zweite, weniger demokratisch, weniger stabil und schlechter prosperierend – ist meiner Meinung nach falsch. Das ist so, als ob in einem Zimmer zwei Hälften koexistieren könnten – ein beheiztes und ein unbeheiztes. Europa gibt es nur eins, lediglich differenziert und wenn in ihm etwas Ernsteres passiert, wird das der ganze Rest zu spüren bekommen [JDB] (GW: Ogrzany pokój, 13./14.05.2000: 11).

Der Beleg stuft die Entstehung eines *Gravitationszentrums* als Irrtum ein und führt diese Idee ad absurdum, indem es einen Vergleich mit der irrealen Vision eines Zimmers zieht, dessen eine Hälfte beheizt und die zweite unbeheizt wäre. Das sich integrierende und gut prosperierende Europa sollte in diesem Fall die beheizte, das wirtschaftlich schlechtere und nicht so integrationswillige die unbeheizte Zimmerhälfte symbolisieren. Auch die „Süddeutsche Zeitung" thematisiert die anvisierte Entstehung unterschiedlicher Gruppen in der EU, wobei in ihrer Berichterstattung diese Entwicklung überwiegend als willkommen eingestuft wird:

> Wenn Europa also nicht stagnieren und in der Welt an Bedeutung verlieren will, müssen Deutschland und Frankreich wie zwei Magnete funktionieren, die gemeinsam stark genug sind, ihre EU-Partner an und mit sich zu ziehen. [...] In einem weiteren Schritt wollen Deutsche und Franzosen die Integration vertiefen [...] Fischer wie Chirac wissen, dass dies mit 20 und mehr Staaten kaum möglich

ist. Zu Recht fordern sie daher, dass diejenigen, die dazu willig und fähig sind, enger zusammenarbeiten dürfen (SZ: Bündnis auf Bewährung, 28.06.2000: 4).

Eine explizit negative Bewertung des Vorschlags Fischers zur Integrationsvertiefung, wie das in der polnischen Presse der Fall ist, stellt man in der „Süddeutschen Zeitung" nicht fest. Hingegen wird erklärt, warum eine solche Entwicklung nötig für die Existenz der EU sei:

> Um die Mitgliedsstaaten zu benennen, die bei der Integration schneller voranschreiten könnten, sprach er [Chirac] von einer „Pionier-Gruppe". Seit langem ist der Begriff „Kerneuropa" geläufig, den die CDU-Politiker Schäuble und Lamers 1994 einführten; dann kam die „Avantgarde" (Delors), dann das „Gravitationszentrum" (Fischer). Dabei handelt es sich nicht einfach nur um einen semantischen Wettstreit. Diese Worte verdecken unterschiedliche Realitäten, auch wenn das Ziel dasselbe bleibt: zu verhindern, dass in einer erweiterten Union der Langsamste die Geschwindigkeit des Zuges bestimmt" (SZ, Blick in die Presse – Pionier Chirac, 30.06.2000: 4).

Das obige Textfragment macht deutlich, dass die mit sich konkurrierenden Bezeichnungen wie *Pionier-Gruppe, Kerneuropa, Avantgarde* und *Gravitationszentrum* unterschiedliche Aspekte der Integration hervorheben, bei denen sich jedoch im Zentrum immer das gleiche Anliegen befindet, und zwar dass die Führungsriege der EU Grad und Methode der Integration bestimmt und sich nicht von den außerhalb des *Gravitationszentrums* stehenden, peripheren und langsamen Staaten bremsen lässt. Diese Sichtweise der Integrationsrangordnung evoziert das weitere Argumentationsmuster, das in der untersuchten Berichterstattung deutlich zum Ausdruck kommt und auf der Asymmetrie zum 5.2.1 basiert.

5.2.2 Argumentationsmuster: Außerhalb des Gravitationszentrums befinden sich Europäer zweiter Klasse

Dieses Argumentationsmuster lässt sich sowohl in der deutschen als auch in der polnischen Presse feststellen. Beide Zeitungen thematisieren eine besondere Rolle des *Gravitationszentrums* bzw. des *Kerns*, der aus den beim Integrationsprozess schneller voranschreitenden Ländern besteht. Die damit verbundene mögliche Spaltung Europas wird von denjenigen, die sich potentiell außerhalb des *Gravitationszentrums* befinden, mit Argusaugen betrachtet, weil sie *an den Rand gedrückt* werden könnten. Darüber berichtet die „Süddeutsche Zeitung":

> Die portugiesische Präsidentschaft hat das Reizthema „Flexibilität" auf die Tagesordnung gesetzt. Dazu gehört die Frage, ob es die EU einem „Kerneuropa" erlauben wird, bei der Integration Gas zu geben. Nach den geltenden Regeln kann sich eine Gruppe von eiligen Mitgliedern nur dann schneller fortbewegen, wenn alle dem zustimmen. Berlin plädiert dafür, dass so gut wie in allen Berei-

chen eine Avantgarde vorpreschen kann, falls acht Mitglieder dabei sind. Die kleineren Mitglieder, allen voran die Skandinavier, sehen darin die Gefahr, dass weniger integrationsfreudige Länder an den Rand gedrückt werden könnten. Als Sprecher dieser Länder treten – seitdem Berlin und Paris sich wieder als Motoren der EU verstehen – London und Madrid auf (SZ: Der Gipfel zwischendurch, 19.06.2000: 6).

Eine bedeutsame Rolle spielt bei dem Thema der Integrationshierarchisierung die bereits erwähnte omnipräsente Bewegungs- und Verkehrsmittelmetaphorik, die auch in dem oben angeführten Beleg auftritt. *Bei der Integration Gas geben, eilig, schneller fortbewegen, vorpreschen, Motoren der EU* sind Lexeme und Syntagmen, die die EU in Bewegung erscheinen lassen. Das Voranschreiten der EU hängt demnach von ihrem Entwicklungstempo ab, ähnlich wie die Attraktivität eines Fahrzeugs mit seiner Geschwindigkeit zusammenhängt. Der Fortschritt der Union steht im direkten Zusammenhang mit der Etablierung der Führungsriege, die sich nicht bremsen lässt und trotz negativer Stimmen der an den Rand gedrückten Länder *vorpreschen kann*.

Im Artikel „Środek i obrzeża"[3] der „Gazeta Wyborcza" (13/14.05.2000: 11) wird die von Joschka Fischer dargestellte Entwicklung explizit als Bedrohung für Mitteleuropa eingestuft:

> Mitteleuropa befand sich tausend Jahre lang im Angesicht der traumatischen Situation seiner peripheren Lage. Das betrifft auch Polen. Es war eines der größten Länder Europas [...], allerdings im wirtschaftlichen Sinne nur Peripherie. [...] Heute geht es darum, dass Mitteleuropa aufhört, Peripherie zu sein, dass es an den Globalisierungsprozessen und an der europäischen Integration teilnimmt, aber auch darum, dass es in die euroatlantischen und europäischen Strukturen eintretend auf Dauer keinen Status eines Mitglieds zweiter Klasse erhält. Es besteht die Gefahr, dass in beiden Organisationen, in der NATO und der EU, eine Art starker Kern entsteht, um welchen herum Staaten mit einem niedrigeren Beteiligungsniveau kreisen. Würde den mitteleuropäischen Nationen ein solches Schicksal zu Teil, führte dies dazu, dass wir weiterhin den Peripherieweg gingen (GW: Środek i obrzeża, 13./14.05.2000: 11).

Eine äußerst negative Konsequenz der Entstehung eines *Gravitationszentrums* wäre dem Textfragment nach die Bildung einer Staatengruppe, der ein Platz an der Peripherie Europas zugewiesen würde. Diese peripheren Länder müssten dann um die fortgeschrittenen, zentralen, die Ton angebenden, d.h. die Staaten erster Klasse kreisen und sich mit dem Status eines Mitglieds zweiter Klasse abfinden. Die gleiche Aussage über das zur „Zweitrangigkeit" verurteilte Polen stellt ein weiterer Beleg aus der „Gazeta Wyborcza" dar:

> Französische politische Kreise lobten die Konzeption des deutschen Ministers Joschka Fischer, eine europäische Föderation in Anlehnung an die Gruppe der Staaten zu gründen, die sich im „Gravitationszentrum" versammeln. Der Begriff

---

3 Mitte und Ränder [JDB].

eines „harten Kerns" ist für Polen wenig attraktiv, weil er uns für lange Zeit zur Zweitrangigkeit verurteilt [JDB] (GW: Pytanie o daty, 16.05.2000: 9).

Die „Süddeutsche Zeitung" thematisiert ebenso die mögliche Entstehung des zwei Klassen-Europas, wobei der Darstellungsfokus auf der Angst der sich als Peripherie wahrnehmenden Staaten liegt, dass sie zu Europäern zweiter Klasse degradiert werden:

> Für einen wie Tony Blair, dessen Ehrgeiz es ist, in der europäischen Champions League an vorderster Stelle mitzuspielen, muss es bitter sein, dass er augenblicklich abzusteigen droht in die zweite Liga der Langsamen und Zögernden. [...] Der Staatsbesuch Chiracs bei den Deutschen ist auf der Insel von der Sorge begleitet worden, dass er tatsächlich das Europa der zwei Geschwindigkeiten einleiten und die Briten abhängen könnte von der frankogermanen Lokomotive (SZ: Blairs europäischer Bummelzug, 30.06.2000: 4).

Analog zu den oben angeführten Beispielen wird auch in diesem Fall die Verkehrsmittelmetaphorik im Integrationskontext Europas verwendet. Die „Süddeutsche Zeitung" berichtet über die *frankogermane Lokomotive*, die mit ihrer Geschwindigkeit die Briten abhängen kann. Die Überschrift des Textes lautet „Blairs europäischer Bummelzug", womit ebenso explizit auf die fehlende Geschwindigkeit Großbritanniens rekurriert wird und den Briten, mit dem Vergleich mit einem Zug, der jeden Haltepunkt bedient, Skepsis der Integrationsidee gegenüber attestiert wird.

Die „Gazeta Wyborcza" stellt hingegen die Vision Fischers bezüglich der *flexiblen Integration* nicht nur in Frage, sondern stuft sie sogar als gefährlich für die europäische Entwicklung ein:

> Eine Föderation neuer und avantgardistischer Qualität soll sozusagen innerhalb der Union funktionieren. In der Konsequenz kann die Föderation der Versuchung unterliegen, danach zu streben, ihr Projekt ohne Rücksicht auf die Haltung der Staaten, die außerhalb geblieben wären, voranzutreiben. [...] Man muss die Frage stellen, ob sich in diesem Fall die Avantgarde nicht aus der magnetischen Kraft, die die übrigen Staaten anziehen würde (so wie das Fischer wünscht), in eine Kraft verwandeln würde, die desintegrierend wäre und Erfolge der Integration, wie wir sie kennen, ins Wanken bringen würde? [...] Ist es vorstellbar, dass irgendeine avantgardistische Staatengruppe nicht identisch mit der Zusammensetzung der Währungsunion wäre? Ist der vollständige Erfolg des Euro möglich, ohne eine fortschreitende Integration nicht nur in der Währungszone, aber auch in anderen Bereichen? [...] Polen will im Zentrum Europas sein [JDB] (GW: Solidarność dla Europy, 19.06.2000: 12).

Mit diesen Worten wird noch einmal deutlich, dass sich Polen für die Vision Fischers nicht wirklich begeistern lässt. Der in Fischers Rede mit der Schaffung eines *Gravitationszentrums* unternomme Versuch, die magnetische Kraft positiv als Mittel, das einer inneren Erosion innerhalb der Europäischen Union vorbeugen soll, darzustellen, schlägt in Polen fehl (vgl. Fischer 2000:

33). Der EU-Anwärter fürchtet nämlich, dass die Führungsriege der Union Polen noch lange nicht und wer weiß, ob überhaupt jemals, als gleichberechtigten Partner wahrnehmen wird. Aus diesem Grund wird suggeriert, dass möglicherweise die von Fischer intendierte Gründung eines *Gravitationszentrums* gerade das Gegenteil bewirken könnte, d.h. zum inneren Zerfall der Union beitragen kann. Ein solches Risiko möchte Polen offensichtlich nicht eingehen und gibt in einer Frageform zu bedenken, dass diese Möglichkeit genauso bestünde.

6. Fazit

Braucht Europa ein *Gravitationszentrum*? Die diskurslinguistische Analyse zeigt, dass die eingangs gestellte Frage in Abhängigkeit von der nationalen Perspektive unterschiedliche Antworten evoziert. Beide Zeitungen, die „Gazeta Wyborcza" und die „Süddeutsche Zeitung", bedienen sich zwar bei dem Thema des *Gravitationszentrums* der gleichen Schlüsselwörter sowie der gleichen Metaphern, was so weit geht, dass sie ebenso gleiche Vernetzungen von Metaphernbereichen aufweisen. Eine besonders frequentierte Verknüpfung stellt in diesem Kontext die an mehreren Stellen des Beitrags präsentierte Vernetzung der Metaphernbereiche: „Führungsgruppe durch Überlegenheit" mit der „Bewegungs-" und der „Verkehrsmittelmetaphorik" dar. Diese Symmetrie erscheint bei näherer Betrachtung der Kontexte irreführend, weil die Argumentationen der jeweiligen Zeitung abhängig von der nationalen Perspektive unterschiedlich ausfallen. Die „Süddeutsche Zeitung" steht der Vision Joschka Fischers zum Thema des *Gravitationszentrums* positiv gegenüber. Unter den 38 Belegen, die dieses Thema behandeln, wird 23-mal die flexible Integration positiv, 12-mal neutral und nur 3-mal negativ gewertet. Ein diametral entgegengesetztes Bild liefert hingegen die „Gazeta Wyborcza", in der nur 4 Belege eine positive Einstellung dem *Gravitationszentrum* gegenüber präsentieren. In der polnischen Zeitung dominieren negative Bewertungen dieser Konzeption, deren Zahl sich auf 20 beläuft. 9 Belege bewerten diese Vision neutral.

Die Analyse stellt ein eindeutiges Indiz dafür dar, dass die transnationale Diskursführung über die Zukunft Europas auf beiden Seiten der Oder mit denselben Schlüsselwörtern und Metaphern geführt wird. Den am meisten verwendeten diskursrelevanten Wortschatz stellen Wörter und Wortgruppen dar wie: *Gravitationszentrum, Avantgarde, Flexibilität, verstärkte Zusammenarbeit, Vertiefung der Integration, Pionier-Gruppe, Kerneuropa, harter Kern, besonders engagierte Staaten, integrationswillige Länder, Europa der zwei/unterschiedlicher Geschwindigkeiten, Europa mit zwei Ligen, exklusiver Club, Nachzügler, Vorreiterrolle, Spitzengruppe, Führungsgruppe, Euro-*

pa à la carte, Spaltung Europas, Superelite, Zentrum, Rand, Peripherie, Zwei-Klassen-Europa, zweitrangige Mitglieder, Europa konzentrischer Kreise etc. Diese Tatsache bedeutet jedoch nicht automatisch, dass mit dem gleichen diskursrelevanten Wortschatz auch identische Ziele verfolgt werden. Beide Zeitungen bedienen sich der Argumentationsmuster, die sich für oder gegen die Etablierungsnotwendigkeit eines europäischen *Gravitationszentrums* äußern und in der jeweils analysierten Zeitung in Überzahl durch das eigennützige nationale Prisma bestimmt sind.

Literaturverzeichnis

BÖKE, Karin (1996): *Politische Leitvokabeln in der Adenauer-Ära. Zu Theorie und Methodik*, in: BÖKE, Karin/LIEDTKE, Frank/WENGELER, Martin (Hrsg.): *Politische Leitvokabeln in der Adenauer-Ära. Mit einem Beitrag von Dorothee Dengel.* (=Sprache, Politik, Öffentlichkeit), Berlin / New York, S. 19–50.

BÖKE, Karin/JUNG, Matthias/NIEHR, Thomas/WENGELER, Martin (2000): *Vergleichende Diskurslinguistik. Überlegungen zur Analyse internationaler und intralingualer Textkorpora.* [im Inhaltsverzeichnis des Buches lautet der Beitragstitel: Vergleichende Diskurslinguistik. Überlegungen zur Analyse national heterogener Textkorpora], in: NIEHR, Thomas/BÖKE, Karin (Hrsg.): *Einwanderungsdiskurse: vergleichende diskurslinguistische Studien*, Wiesbaden, S. 11–36.

BÖKE, Karin/LIEDTKE, Frank/WENGELER, Martin (Hrsg.) (1996): *Politische Leitvokabeln in der Adenauer–Ära. Mit einem Beitrag von Dorothee Dengel.* (=Sprache, Politik, Öffentlichkeit), Berlin/New York.

BROCKHAUS ENZYKLOPÄDIE in vierundzwanzig Bänden (1996ff.): 20. überarbeitete und aktualisierte Auflage. Leipzig/ Mannheim: F. A. Brockhaus.

CHURCHILL, Winston (1946): *Rede Churchills am 19. September 1946 in Zürich*, in: Auswärtiges Amt (Hrsg.): *Europa. Dokumente zur Frage der europäischen Einigung*, 1953.

DROMMEL, Raimund/WOLFF, Gerhart (1978): *Metaphern in der politischen Rede*, in: *Der Deutschunterricht*, Jahrgang 30, Heft 1, Januar 1978, S. 71-86.

DUDEN – Die deutsche Rechtschreibung online, abrufbar unter: http://www.duden.de /suchen/dudenonline/gravitationszentrum [letzter Abruf: 10.10.2011].

DÜRR, Alfred (1980): *Weltblatt und Heimatzeitung. Die „Süddeutsche Zeitung"*, in: THOMAS, Michael Wolf (1980) (Hrsg.): *Porträts der deutschen Presse. Politik und Profit*, Berlin, S. 63–79.

FISCHER, Joschka (2000): *Vom Staatenverbund zur Föderation. Gedanken über die Finalität der europäischen Integration*, Frankfurt a. Main.

GARDT, Andreas/MATTHEIER, Klaus/REICHMANN, Oskar (Hrsg.) (1995): *Sprachgeschichte des Neuhochdeutschen. Gegenstände, Methoden, Theorien*, Tübingen.

HERMANNS, Fritz (1995): *Sprachgeschichte als Mentalitätsgeschichte. Überlegungen zu Sinn und Form und Gegenstand historischer Semantik*, in: GARDT, Andreas/MATTHEIER, Klaus/REICHMANN, Oskar (Hrsg.): *Sprachgeschichte des Neuhochdeutschen. Gegenstände, Methoden, Theorien*, Tübingen, S. 69-101.

KÄMPER, Heidrun (2005): *Der Schulddiskurs in der frühen Nachkriegszeit. Ein Beitrag des sprachlichen Umbruchs nach 1945.* (=Studia Linguistica Germanica Bd. 78), Berlin/New York.

KLEIN, Josef (2002): *Weg und Bewegung. Metaphorische Konzepte im politischen Sprachgebrauch und ein frame-theoretischer Repräsentationsvorschlag*, in: PANAGL, Oswald/STÜRMER, Horst (Hrsg.): *Politische Konzepte und verbale Strategien. Brisante Wörter – Begriffsfelder – Sprachbilder* (=sprache im kontext, Bd. 12), Frankfurt a. Main, S. 221-235.

KOPPER, Gerd G./RUTKIEWICZ, Ignacy/SCHLIEP, Katharina (Hrsg.) (1998): *Medientransformation und Journalismus in Polen 1989–1996*, Garz bei Berlin.

KOSELLECK, Reinhart (1975): *Zur historisch-politischen Semantik asymmetrischer Gegenbegriffe*, in: WEINRICH, Harald (Hrsg.): *Positionen der Negativität. Poetik und Hermeneutik IV*, München, S. 65-104.

LAKOFF, George/JOHNSON, Mark (2007): *Leben in Metaphern. Konstruktion und Gebrauch von Sprachbildern*. Aus dem Amerikanischen übersetzt von Astrid Hildenbrand, Heidelberg.

LAKOFF, George/WEHLING, Elisabeth (2009): *Auf leisen Sohlen. Politische Sprache und ihre heimliche Macht*, 2. aktualisierte Auflage, Heidelberg.

MIELCZAREK, Tomasz (2007): *Monopol, pluralizm, koncentracja. Środki komunikowania masowego w Polsce w latach 1989–2006*, Warszawa.

MUSOLFF, Andreas (1995): *Föderalismus, federalism, fédéralisme: falsche Freunde oder Grundlage internationaler Verständigung?* In: Sprachreport, Nr. 1/95, S. 8-10.

NIEHR, Thomas/BÖKE, Karin (Hrsg.) (2000): *Einwanderungsdiskurse: vergleichende diskurslinguistische Studien*, Wiesbaden.

PANAGL, Oswald/STÜRMER, Horst (Hrsg.) (2002): *Politische Konzepte und verbale Strategien. Brisante Wörter – Begriffsfelder – Sprachbilder* (=sprache im kontext, Bd. 12). Frankfurt a. Main, S. 221-236.

PISAREK, Walery (1998): *Kontinuität und Wandel auf dem Tageszeitungsmarkt*, in: KOPPER, Gerd G./RUTKIEWICZ, Ignacy/SCHLIEP, Katharina (Hrsg.): *Medientransformation und Journalismus in Polen 1989–1996*, Garz bei Berlin, S. 129–145.

SCHOLL, Bruno (2006): *Europas symbolische Verfassung. Nationale Verfassungstraditionen und die Konstitutionalisierung der EU* (=Studien zur Europäischen Union Band 5), Wiesbaden.

THOMAS, Michael Wolf (Hrsg.) (1980): *Porträts der deutschen Presse. Politik und Profit*, Berlin.

VOGEL, Andreas (1998): *Die populäre Presse in Deutschland. Ihre Grundlagen, Strukturen und Strategien*, München.

WEINRICH, Harald (Hrsg.) (1975): *Positionen der Negativität. Poetik und Hermeneutik IV*, München.

WENGELER, Martin (1997): *Vom Nutzen der Argumentationsanalyse für eine linguistische Diskursgeschichte. Konzept eines Forschungsvorhabens*, in: Sprache und Literatur in Wissenschaft und Unterricht 80/1997, S. 96-109.

WENGELER, Martin (2003): *Topos und Diskurs. Begründung einer argumentationsanalytischen Methode und ihre Anwendung auf den Migrationsdiskurs (1960–1985)* (=Reihe Germanistische Linguistik 244), Tübingen.

WILKE, Jürgen (Hrsg.) (1999a): *Mediengeschichte der Bundesrepublik Deutschland*, Bonn, Schriftenreihe der Bundeszentrale für politische Bildung. Band 361.

WILKE, Jürgen (1999b): *Leitmedien und Zielgruppenorgane*, in: WILKE, Jürgen (Hrsg.): *Mediengeschichte der Bundesrepublik Deutschland*, Bonn, Schriftenreihe der Bundeszentrale für politische Bildung, Band 361, S. 302-329.

Braucht Europa ein Gravitationszentrum? ... 49

Zitierte Medienbeiträge, chronologisch nach Zeitungen geordnet

GAZETA WYBORCZA: *Ogrzany pokój*, 13/14.05.2000: 11.
GAZETA WYBORCZA: *Środek i obrzeża*, 13/14.05.2000: 11.
GAZETA WYBORCZA: *Odwagi, Europo*, 15.05.2000: 4.
GAZETA WYBORCZA: *Pytanie o daty*, 16.05.2000: 9.
GAZETA WYBORCZA: *Solidarność dla Europy*, 19.06.2000: 12.
GAZETA WYBORCZA: *Stronniczy przegląd prasy, Danuta Zagrodzka*, 22.05.2000: 24.
GAZETA WYBORCZA: *Polska może być w awangardzie*, 24.05.2000: 12.
SÜDDEUTSCHE ZEITUNG: *Fischer wirbt für europäische Föderation*, 13.05.2000: 1.
SÜDDEUTSCHE ZEITUNG: *Europa, vom Ende her gedacht*, 13.05.2000: 4.
SÜDDEUTSCHE ZEITUNG: *Der Gipfel zwischendurch*, 19.06.2000: 6.
SÜDDEUTSCHE ZEITUNG: *Einheit schafft Zwietracht*, 21.06.2000: 4.
SÜDDEUTSCHE ZEITUNG: *Große Linien, unklares Antlitz*, 28.06.2000: 3.
SÜDDEUTSCHE ZEITUNG: *Bündnis auf Bewährung*, 28.06.2000: 4.
SÜDDEUTSCHE ZEITUNG: *Blick in die Presse – Pionier Chirac*, 30.06.2000: 4.
SÜDDEUTSCHE ZEITUNG: *Blairs europäischer Bummelzug*, 30.06.2000: 4.

Von den Unvollkommenheiten der Makrostruktur aufgrund des *Celaryus* von Andrzej Faber aus dem 18. Jahrhundert

Agnieszka Frączek (Warszawa)

O niedoskonałościach makrostruktury na podstawie osiemnastowiecznego „Celaryusa" Andrzeja Fabera.

Niemiecko-polskie spotkania językowe zrealizowane zostały w niniejszym artykule z punktu widzenia leksykografa oraz stosowanych w tej dziedzinie instrumentów badawczych. Autorka analizuje „Celaryus polski" Andrzeja Fabera, wskazując na niedoskonałości w makrostrukturze omawianego słownika polsko-niemieckiego. Niedoskonałości te wynikają w dużej części z błędnie przyjętej etymologii. Analizowany słownik badany jest pod kątem konsekwencji w zastosowanej makrostrukturze, a także przyjazności dla użytkownika, przede wszystkim zaś dla użytkownika niemieckojęzycznego.

Einleitung

Der *Celaryus polski* von Andrzej Faber wurde von der Druckerei Gottfried Tramp in Brieg herausgegeben. Das Wörterbuch zählt 768 nummerierte Seiten, das Titelblatt und das 6 Seiten starke Vorwort sind nicht nummeriert. Die Frage nach dem Entstehungsjahr von *Celaryus* lässt sich nicht eindeutig beantworten. Im Wörterbuch gibt es keine Auskunft über das Jahr seiner Herausgabe oder eine Notiz über das Datum der Beendigung des Werkes – Faber hat das Vorwort nicht datiert, jegliches Datum fehlt ebenfalls auf dem Titelblatt. Die in der Fachliteratur angeführten Informationen sind unterdessen abweichend. Die Quellen sind sich nur darüber einig, dass der *Celaryus* nach 1717 im Druck erschienen ist. Diese Information stammt u. a. von Estreicher (Estreicher 1891-1951, Bd. XVI: 148)[1] und wurde von anderen Forschern (z.B. Londzin 1924: 66, Schröder 1987-1995: 309) übernommen (mehr dazu: vgl. Frączek 2011: 70).

Die Makrostruktur des Wörterbuchs aus dem 17. Jahrhundert lässt, insbesondere vom heutigen Gesichtspunkt aus, erwartungsgemäß viel zu wünschen übrig. Die makrostrukturellen Unvollkommenheiten des *Celaryus* lassen sich in drei Gruppen unterteilen. Es sind: 1) Wahl des Makrostrukturtyps und die Inkonsequenz bei ihrer Umsetzung, 2) Fehler und Inkonsequenzen bei der Wahl von Lemmata sowie 3) Irrtümer im in *Celaryus* bestehenden Verweisungssystem.

---

1 Das von Estreicher angegebene Datum 1717 (eigentlich: nach 1717) wurde ebenfalls für diese Studie übernommen.

1. Anordnung der Makrostruktur

Entsprechend der zeitgenössischen metalexikografischen Terminologie soll der *Celaryus* als ein nestalphabetisches Wörterbuch bezeichnet werden. Die Eingangslemmata sind hier alphabetisch geordnete Grundwörter, hauptsächlich Substantive, seltener Verben und Adjektive. Die Sublemmata sind Ableitungen von dem Grundwort. Ein Teil von ihnen geht im Hinblick auf die alphabetische Reihenfolge den nachfolgenden Eingangslemmata voran (wodurch die Anordnung der Makrostruktur komplizierter wird). Gleichzeitig gilt innerhalb des jeweiligen Nestes gewöhnlich die alphabetische Ordnung. Eine Ausnahme von dieser Regel bilden im *Celaryus* Artikel, in denen Gruppen von Sublemmata, die enger als andere Sublemmata morphosemantisch miteinander verbunden sind, wider die alphabetische Ordnung in direkter Nachbarschaft lemmatisiert werden und somit „Unternester" bilden. Ein Beispiel dafür liefern verneinende Formen mit dem Präfix *nie-* (vgl. Abbildung unten für das Lemma †*Mylę*); dies ist einer der am häufigsten vorkommenden Fälle der Nichtbeachtung der alphabetischen Reihenfolge innerhalb der Nester.

> †Myle się ich irre. it. betrüge mich.
> Omylam ich betrüge. Łogo. it. irre. się, o-
>   myli go.
> Omylny betrüglich.
> Nieomylny gewiß, nicht Irrsam.
> Nieomylnie ohnfehlbar.
> *Omyłka der Fehler.
> Pomylić verwirren.
> Zámylam ich mache irre. Łogo.
> Zmylić fehlen. Słowko.
> Zmylenie das Fehlen.

(S. 328)

Die von Faber angewandte Anordnung der Makrostruktur weist einen grundlegenden Mangel auf. Wie es aus dem Titel und dem Vorwort hervorgeht, ist der *Celaryus* für deutsche Benutzer bestimmt, die Polnisch lernen, somit für Personen, für die das Polnische eine Fremdsprache ist. Die nestalphabetische Anordnung der Makrostruktur setzt unterdessen gute Polnischkenntnisse sowie eine Leichtigkeit im Entdecken der morphosemantischen Relationen zwischen dem Eingangslemma und den damit verwandten Sublemmata voraus. Diese Relationen sind jedoch selbst für Polen nicht immer offensichtlich. Wenn beispielsweise die morphosemantische Verwandschaft der (Sub-)Lemmata †*Pełen* und *Pełnia* (S. 373) noch deutlich ist, ist das Assoziieren des Substantivs *Przerwa* mit dem Verb *Rwę* (S. 450/451), des Sublemmas †*Poniedźiałek* mit dem Lemma †*Dźieie* (S. 75) und noch mehr der Wörter *Rzeka und *Porzeczki* (S. 458) nicht selbstverständlich.

Darüber hinaus sind Fabers Entscheidungen über die Platzierung von bestimmten Sublemmata in diesem und nicht einem anderen Nest nicht immer treffend, oft sogar falsch. Die im Wörterbuch angewandte etymologische Interpretation stützt sich zu oft auf eine ausschließlich zufällige Ähnlichkeit des Wortklanges. So zum Beispiel sind das Substantiv *Wielbłąd* und das Verb *błądzić* (vgl. Abbildung unten) keine verwandten Wörter, ähnlich stammt *Pchła* (Sublemma, S. 371) nicht von *Pcham und †*Beczká* (Sublemma, S. 7) hat nichts gemein mit dem Eingangslemma *Beczę. Beispiele für die Volksetymologie liefern ebenfalls die Verbindungen der Sublemmata *podług* und *według* mit dem Lemma †*Długm* (S. 62), des Lemmas †*Kley* mit dem Sublemma *Ukleyká* (S. 203) oder des Adjektivs *Krziwy* mit dem Substantiv *Pokrziwá (S. 240). Unerklärlich ist ebenfalls, warum das Adjektiv *Modrobławatny* das Lemma †*Blády* (S. 13) und das Substantiv *Bohátyr* das Stichwort *Bog* (S. 15) ergänzt. Beispiele:

> †Bładze/ it (żá=) ich irre/ popolu. Błąd der Irrthum.
> Błedliwy irrig, krumm. Błędny herum-ſchweifend. Błędny irrend. niebłędny gewiß.
> Błąkam ich ſchweiffe herum, gehe irre.
> Błąkacz ein Herumſtreicher.
> Obłędliwy voller Fehler.
> Przibłąkam ich gelange irrend wo an.
> Wielbłąd das Cameel. Wielbłądzicá Cameelin.
> Wielbłądnik der Cameel-Treiber.
> zábłąkáć ſie ſich verirren.

(S. 13)

Kenntnisse in der Etymologie waren eindeutig keine Stärke von Faber. Nachfolgend noch ein Beispiel – das Lemma *Hutá mitsamt seiner Mikrostruktur – wo der Lexikograf eine interessante, doch falsche Etymologie des Lemmasubstantivs entfaltet:

140:

*Hutá ein Schmiedehammer. Vom huczę / weil darin das Feuer ſaußt und rauſcht. it. Glaſe-Hütte. skłána.

Es kommt auch vor, dass ein Sublemma nur aus semantischen Gründen im gegebenen Nest platziert wurde und mit dem Eingangslemma morphologisch nicht verwandt ist. Zum Beispiel in dem Nest des Substantivs *Wieprz* wird der Benutzer das Sublemma *Swiniá* (S. 620, siehe unten) und nach dem Lemma **Piecza* das Sublemma *Opieká* (S. 379) finden. Ein Beispiel:

> *Wieprz ein Borg / Schwein. *Swiniá* die Sau.
> *Wieprzek* das Schweinlein, Börglein.
> *wieprzowy* von Schweinen.
> *Wieprziniec* der Schweinstall.

(S. 620)

In der grundsätzlich streng alphabetischen Anordnung von den Eingangslemmata des *Celaryus* finden sich gewisse Inkonsequenzen. Zum Beispiel taucht zwischen den Lemmata †*Zarzę* und *Zbik* das Verb *Zrę* (S. 651-652) auf, vor dem Lemma †*Kolerá* findet sich *Kolet* (S. 212), vor *Portátyl* – *Portki* (S. 405) und vor †*Sto* – *Storzę* (S. 519).

Schwer vorhersehbar ist oft auch die Reihenfolge von Lemmata mit den diakritischen Zeichen. Faber behandelt manche der polnischen Buchstaben mit diakritischen Zeichen (z.B. *ą, ę, ź, ż*) ähnlich wie ihre Entsprechungen ohne die diakritischen Zeichen (vgl. a), andere (z.B. *ł*) versucht er dagegen zu differenzieren, ohne jedoch diesen Plan konsequent umzusetzen. Die Substantive *Láká* und †*Łąká* (S. 254), †*Lafká* und †*Łáfká* (S. 257) oder †*Los* und *łoś* (S. 278) sowie die Verben †*Latam* und †*Łatam* (S. 258/259) werden gemäß der Regel: *l* vor *ł* lemmatisiert. Der Lexikograf folgt dieser Regel jedoch nicht, wenn die Buchstaben *l – ł* keine Anfangsbuchstaben sind, sondern mitten im Stichwort vorkommen (vgl. b). Eine Überraschung bereitet ebenfalls die Platzierung des Verbs *Pątuię* nach Lemmata, die mit *Pa-* (vgl. c) beginnen, was suggeriert, dass der Lexikograf hier ausnahmsweise der Regel: *a* vor *ą* folgte. Es kommt auch vor, dass sich gar keine Regel erkennen lässt, der Faber bei dem Ordnen der Makrostruktur folgen würde. Dies gilt zum Beispiel für die Substantive †*Kat* und *Kąt sowie für die benachbarten Lemmata (vgl. d). Beispiele:

a)
Darń – Dąsam – †Dawię (S. 58)
Drażnię – *Drę – †Dręczę – †Drelich – Drętwię (S. 65/66)
*Dźwięk – †Dźwigam – †Dzwon (S. 80)
Karwat – †Kąsam – †Kasuię (S. 185)

Von den Unvollkommenheiten der Makrostruktur ...

Paiąk – Pąk – Pal (S. 358/359)
†Żołw – †Żona – Żoraw – *Zorza (S. 663/664)
†Żyła – †Zyskuję – †Żywica (S. 670)

b)

> Płatam ich nehme / weide aus / den Fisch / ich
> zerstücke.
> Płát ein Fleck, alter Lumpe. sukná.
> Płatek ein Pfetzen. do otá chorego.
> Płateczek, Płatużek ein Flecklein, Läpplein.
> Płatam / płata się ich verwirre / bestricke / ver-
> wickle.

(S. 392)

c)
*Paw – *Paździor – *Paznogieć – Pątuię – *Pcham (S. 370/371)

d)
Kasztelan – †Kat – Katafalk – Katarakta – Kateizm – *Kąt – Kauterizuię (S. 187/188)

Die Analyse der Makrostruktur von *Celaryus* lässt doppelt lemmatisierte Stichwörter entdecken, was völlig unbegründet ist, z.B. ſpodnicá, Schwein, Zrę czy Koćię:

356-358:

†Padam / padł / pádnę / páść ich falle / ich gereiche.
[...]
ſpodnicá die Waſſer-Gelte. it. Unterkleid, lang Hembde.

506:
†Spod / ſpodek der Boden. it. das Auswendige.
[...]
ſpodnicá das Weiber Under-oder Lang-Hembde.

536:
†Swiniá die Sau / Schwein.
świnká das Schweinichen.

620:
*Wieprz ein Borg / Schwein. Swiniá die Sau.

652:
Zrę ich freſſe / naſche / verleckere. żárł / żrzi.

665:
Zrę ich freſſe. żárł / żrzeć.

209:
Koćię das junge Kätzlein.

222:
Kot / á der Kater. Kotká die Katze.
Kot dźiki die wilde Katze.
Koćię das Kätzlein.

Doppelt lemmatisierte Wörter sind ebenfalls unter Sublemmata zu finden, die die Stichwörter †*Rozum* und †*Umiem* (vgl. z.B. **rozumiem, Rozumienie, Rozumny, wyrozumiewam*, wiederholt wurde auch selbst das (Sub)Lemma †*Rozum*) ergänzen.

† **Rozum** der Verſtand. it. Vernunfft. á rozumże to? heiſt das vernünfftig gehandelt? it. der Witz. ma ten rozum w głowie ſcharffes Einſehen.
* **rozumiem** ich verſtehe. co. śie ná czym. it. ich vernehme, begreiffe, ich meyne, ich lege es, deute es ſo. komu. nie rozumie nikomu bedenckt nicht, was ein ander vermag.
Rozumienie die Wiſſenſchafft, Erkänntniß. czego. it. Meynung. o czym rozmáite. it. Ehr und Glimpff. dobre o kim, źle ludzkie. it. Auslegung, Bedeutung. iákiego Słowá dwoiákie.
rozumnie mit Verſtand, vernünfftig. Adv.
Rozumny der Verſtand hat, ein Vernünfftiger. it. mit Verſtand gemacht. głos rozumny wyrozumny vernehmlich.
nierozumny unvernehmlich, undeutlich.
Nierozum Thorheit, Unverſtand. w rozum obrány der ohne Verſtand iſt, oder der Vernunfft beraubt iſt.
nierozumnie, bezrozumnie Adv. Vernunfftloß.
wyrozumiewam ich verſtehe, vernehme. co. it. ich erfahre. co, zkogo, zmowy. it. ich halte einem etwas zu gute. komu.

wy-

(S. 446)

†Umiem ich kan/weiß.
umieiętny erfahren. wczym Adj.
Umieietnie weißlich, wiſſentlich. Adv.
*Umieiętność die Erkänntniß,
nieumieiętny unwiſſend.
rozumiem ich verſtehe, kan. co. bedź rozumiał,
mieć.
†Rozum die Vernunfft, der Verſtand. Niero/
zum.
rozumny vernünfftig.
Rozumienie, der Verſtand. it. Gutachten, Gut-
düncken. czego.
dorozumiewam ſie ich muthmaſſe, meyne,
wyrozumiewam ich erkenne, erſehe. z kogo.
wyrozumny verſtändlich. głos.
wyrozumienie der Verſtand. literálne.
niewyrozumnie unvernehmlich.

(S. 598)

Zweimal eingetragen – unter †*Dzierżę* und *Paźdźior – wurde auch das Substantiv *Paźdźiernik*, vgl.:

77/78:

†Dźierżę / ał ich halte.
[...]
Październik der Wein-Monat, October.

370:
*Paźdźior / paźdźierze Flachs-Annen oder Schiefer, iſt die Rinde am Flachs, wenn er gebrochen wird, die da auf kleine Bißchen zerbrochen, abfället.
   [...]
†Paźdźiernik Weinmonath, der October, die Deutſchen haben Weinleſe, die Pohlen Flachsbreche.
Paźdźiernikowy dem October gehörig.

2. Lemmaauswahl

Der Benutzer erwartet gewöhnlich eine gewisse Konsequenz bei der Wahl von Lemmata in einem Wörterbuch. So erwartet er auch, dass, wenn der Lexikograf beispielsweise die Substantive *styczeń* und *luty* untergebracht hat, ebenfalls *marzec*, *kwiecień* und die übrigen Monate unter den Lemmata zu finden sind. Lemmatisiert der Verfasser das Pronomen *wy*, dann sollte er seine Entsprechung in dritter Person Plural, das heißt das Pronomen *oni* nicht auslassen. Macht er die Ordinalzahl *czwarty* zum Sublemma der Kardinalzahl *cztery*, dann sollte er auch *piąty* bei Sublemmata des Zahladjektivs *pięć* unterbringen.

Tatsächlich lässt der Verfasser von *Celaryus* keinen der zwölf Monate aus. Keine weitere der übrigen, hier beispielhaft angeführten Wortgruppen wurde jedoch mit gleicher Konsequenz behandelt. Beginnen wir mit den Wochentagen. Im Wörterbuch sind nur sechs Tage (vgl. Beispiele unten) vorhanden, der siebte davon – Dienstag – wurde von Faber vergessen. Fünf der Substantive aus dieser Gruppe sind darüber hinaus Sublemmata, während der sechste, †*Sobotá*, ein Eingangslemma wider Erwarten bildet.

49:
†Czterey / cztery / czworo vier / dni. czwarty der vierdte.
*Czwartek der Donnerſtag.

75:
†Dźieie / dźiało. Dźiewa śię es geſchicht.
[...]
†Niedźielá der Sonntag.
†Poniedźiáłek der Montag.

379:
†Pięć fünff. chlebow / pięćioro chlebá.
piąty der fünffte.
Piątek der Freytag.
wielki-piątek der Char-Freytag.

502:
†Sobotá der Sonnabend. Sobotny dźień der Sabbath-Tag.

508/509:
†Srzedni / ia / ie der Mittlere. it. Geringer. Piwo Tiſchbier / Haußbrodt.
*Srzodek das Mittel [...]
Srzodá die Mittwoch.

Typisch für *Celaryus* ist die Inkonsequenz bei der Wahl der pronominalen Lemmata. Es ist schwierig, eine Regel zu finden, der der Verfasser bei der Wahl für die Makrostruktur von den Personal- und Possessivpronomina gefolgt sei. Der Lexikograf bringt im Wörterbuch die Lemmata: *Ja*, †*Ty* sowie †*On, oná, ono* (die drei letzteren Pronomina werden in einem gemeinsamen Stichwortartikel zusammengefasst)unter, lässt jedoch die Pluralpronomina (*my, wy* und *oni*) aus. Ähnlich inkonsequent werden auch die Possessivpronomina behandelt – selbstständige Lemmata bilden im Wörterbuch die

Formen: *mój, twój, jego, náſz* und *wáſz*, die Pronomina *jej* und *ich* werden unterdessen nicht lemmatisiert. Nachfolgend Beispiele für die pronominalen Lemmata:

a) Personalpronomina

142:
Ja ich. G. mnie. D. mi.

349:
†On er / derſelbe oná / ono.
Onże eben derſelbe.

592:
†Ty du.

b) Possessivpronomina

159:
†Jego ſein / h.e. was eines andern ſeine iſt. przed oczámi iego.
Jegoyſki, a, e ſein gewöhnlicher. Chod.

321:
†Moy mein.
Moyſki der Meinige.

333:
†Náſz unſer.
Náſki der unſrige.

592:
†Twoy der Deine.
twoyſki der Deinige.

Eine scheinbare Ordnung gibt es bei den zahladjektivischen Lemmata. Faber lemmatisiert die Kardinalzahlen 1 bis 10 und nennt als deren Sublemmata entsprechende Ordinalzahlen (vgl. a). Auch hier gibt es jedoch Abweichungen von der Regel: Das Sublemma *pierwszy* befindet sich – anders als die anderen Ordinalzahlen – nicht unter der entsprechenden Kardinalzahl (hier: †*Jeden*), sondern bildet eine Ergänzung für das Lemma †*Pierwey* (vgl. b). Abweichend behandelt wurde ebenfalls das Zahladjektiv †*Drugi* (vgl. c), welches ein eigenes Eingangslemma bildet.

a)

49:
Czterey / cztery / czworo vier / dni. czwarty der vierdte.

352:
Ośm acht.
Ośmnaśćie achtzehen.
Ośmioraki achtfältig.
Oſmy der achte.
Ośmioro tyle achtmal.

379:
†Pięć fünff. chlebow / pięćioro chlebá.
piąty der fünffte.
[...]
piętnaśćie fünffzehen.
piętnaſty der Fünffzehende.

475:
†Siedm ſieben. pieniąſzkow.
*śiodmy der ſiebende.
śiodmak ein ſiebener.
śiedmnaśćie ſiebenzehen.
śiemnaſty ſiebenzehende.
śiedmioráki ſiebenfältig.

550:
†Sześć Sechs.
ſzoſty der Sechſte.
ſzoſtak der Sechſer.

b)

†Jeden/ á/ o einer. ieden/ drugi/ trzeći ei=
ner ober der andere. it. ein anderer. ie=
den drugiego pobudza. it. einer aus
zweyen. że dwu/ ieden zwáiu/ ieden
znáiu. it. ein tapfferer Mann.
Jedennaśćie eilff. iedennaśćie kroć eilff=
mal.
Jedennaſtek eine Zahl von eilffen.
Jedennaſty der eilffte.
Jedenże, iednáż, iednoż einer und derſelbe,
nur einer. drogá.
Jedna ráza alsbald. pádnie, ſtánie. vel
iedna ráza áli bieżą im Augenblick.
Jed=

(S. 156)

c)

```
-o§ ( 383 ) §o-
†Pierwey zuvor/ ehe. niż nim.
pierwßy. der erſte. pokim, że dwu, raz.
pierwiaſtki die Erſtlinge. pierwociny, pier-
wiaſtka, Krowá, Owcá die Kühe oder Schaaf,
ſo das erſte mal getragen.
pierworodny der Erſtgebohrne.
```

(S. 383)

d)

```
†Drugi der andere/ ein anderer.
Druzbá der einen Zunahmen mit einem an-
dern hat, it. der Braut-Führer, Tiſch-Mei-
ſter, Speiſe-Meiſter.
                        E 2        Druzki
```

(S. 67)

Wie aus den obigen Beispielen hervorgeht, findet der Benutzer bei Sublemmata für die zahladjektivischen Artikel (es handelt sich dabei um die Kardinalzahlen 1 bis 9) nicht nur entsprechende Ordinalzahlen, sondern auch die zusammengesetzten Zahladjektive 11 bis 19 (vgl. die Artikel: †Jeden, Trzey, †Pięć, †Siedm, Ośm) und die davon abgeleiteten Ordinalzahlen (vgl. trzinaſty, śiemnaſty u.a.). Auf diese Weise ergänzt der Lexikograf jedoch nicht alle Artikel, es fehlen im Wörterbuch die (Sub)Lemmata: dwanaście, czternaście, szesnaście und dziewiętnaście. Dezimalzahlen, die der Benutzer – ähnlich wie die Zahlen 11-19 – mit großer Wahrscheinlichkeit unter den entsprechenden Kardinalzahlen suchen würde, lemmatisiert Faber unter dem Stichwort †Dziesięć. Auch hier ist jedoch nicht mit kompletten Informationen zu rechnen, weil der Verfasser nur zwei der Dezimalzahlen (*Dwádźieśćia, Pięćdźieśiąt) mit ihren Äquivalenten versieht, die Zahladjektive 60-90 nicht übersetzt, statt der Form Trzydźieśći ihre Ordinalzahl-Entsprechung (Trzydźieſty) nennt und das Zahladjektiv 40 auslässt.

†Dzieśiec / Dzieśiecioro zehen.
*Dzieśiąty der Zehende.
Dzieśiątek eine Zahl von zehen.
Dzieśiątnik ein Rottmeister.
Dzieśiecina der Zehend vom Jahrwuchs.
*Dwádzieścia zwantzig.
Dwudziesty der zwantzigste.
Trzydziesty der dreyßigste.
Piećdzieśiąt funffzig.
Sześć- śiedm- ośm- dziewiećdzieśiąt.
  60. 70. 80. 90.

(S. 78)

Schwierigkeiten wird dem Benutzer ebenfalls die Suche nach Adverbien bereiten. Der Verfasser lemmatisiert nur ausgewählte Adverbien, wobei seine Entscheidungen nicht immer durch die Vorkommenshäufigkeit dieser Wörter in polnischen Texten zu begründen sind. In *Celaryus* fehlen beispielsweise die populären Adverbien: *brz(y)idko* oder *ciężko* (obwohl die Substantive: *Brzidkość* und *ciężkość* da sind) sowie: *daleko, dobrze, drogo.* Der Lexikograf verzeichnet unterdessen die Formen: *modro, płodnie, plugáwie, ſławnie, ſmárownie, ſproſnie* u.a. (vgl. c). Die Beispiele:

 a)
 36:
 †Ciáſny enge. ćiáſno adv.
 ćiáſno mi ich habe beſchwerniß.

  93:
  †Gęſty dick. gęſto offt dick.

  300:
  †Mięki weich / mięko Adv. idem.

  342:
  †Nowy neu. nowo Adv. id.

  345:
  †Obfity überflüßig / reichlich. obficie id. Adv.

  453:
  †Rychły geſchwind / ſchnell.
  rychło id. Adv.

581:
†Trefny kurtzweilig. trefnie Adv.

668:
Zwáwy Adj. eyfrig / begierig / beredt. zwáwie Adv. id.

b)
257:
†Láʃká die Gnade / Huld / Liebe.
[...]
łáʃkaw, łáʃkáwy gnädig. it. zahm. pies, ptak gütig.
łáʃkáwie adv. gnädig. pátrzáć.

666:
Zrzę / źrziʃz / źrzi ich ʃehe ʃteiff / mit unverwandten Augen an [...]
podeyrzliwy Adj. argwöhniʃch, verdächtig.
poderzliwie Adv. id.

c)
312:
†Modry blau. modro. id. Adv.

397:
Plugáwy beʃudelt / ʃchändlicher / unflätiger.
plugáwie garʃtig, unflätig. Adv.

507:
†Sproʃny unrein / ʃchändlich / bübiʃch. ʃproʃnie id. Adv. ʃproʃność die Schande / Miʃʃethat.

Eine Ausnahme von der oben beschriebenen Regel bildet das Adverb *Błogo*, lemmatisiert auf S. 14 als ein Eingangslemma und nicht – wie sonst – als ein Sublemma:

14:
Błogo wol / mu.

3. Verweiszeichen

Sein Wörterbuch hat Faber mit einem Verweiszeichensystem versehen. Obwohl das System nicht besonders kompliziert ist – in *Celaryus* gibt es insgesamt nur einige wenige Verweislemmata – ist dieses ebenfalls nicht mängelfrei.

Die im *Celaryus* befindlichen Verweise beziehen sich hauptsächlich auf die orthografischen Varianten – Faber verweist den Benutzer dabei meist auf eine häufiger vorkommende oder als richtiger geltende Form (vgl. *Przętro,*

Zdzreń) – aber auch auf Aspekt-Paare von Verben (vgl. *Bywam*) sowie hinsichtlich der Wortbildung verwandte Wörter (vgl. *Cięty, *Dech, Dźieram, Wiárá*), zum Beispiel:

23:
Bywam ſiehe Jeſtem.

162:
Jeſtem / był / będę ich bin. przytomny / obecny / táki / ochotny [...]

36:
*Dech / tchu der Athem. ſ. Tchnę.

290:
†Tchnę ich athme.
Tchnienie das Athemen.

41:
Cięty gehauen. (ſiehe Tnę.)

572:
†Tnę ich werde hauen/ verwunden. ćiął / ćiąć. kogo w co.
ćięty gehauen.
ćięćie das Hauen, der Hieb.
[...]

77:
Dźieram ſiehe Drę.

65:
*Drę / dźieram darł ich reiſſe / reibe.

418:
Przętro ſiehe Piętro.

384:
Piętro / przętro der Boden / Gaden. it. ein Gerüſte. piętro u roſztowánia [...]

489:
†Sláchćic / sláchćianká ſiehe. ſzláchćic.

552:
*Szláchćic der Edelmann. urodzony / uczyniony.

613:
Wiárá ſiehe. wierzę.

622:

†Wierzę ich gläube.
Wiárá der Glaube.
653:
Zdrzeń. v. drzeń.

68:
Drzeń / iá der Kern im Holtz.
Drzeniſty das einen Kern hat.

Ein gravierender Mangel, der den Sinn der Anwendung von Verweisen in Frage stellt, sind dabei sog. leere Verweise. So findet der Benutzer beispielsweise unter dem Lemma *Heynał* den nirgendwohin führenden Verweis *Eynał* – dieses Lemma wurde im Wörterbuch gar nicht berücksichtigt.

139:
Heynał v. Eynał.

Der Bedarf an Verweisen kommt sonst an mehreren anderen, von Faber nicht berücksichtigten Stellen vor; zusätzliche Verweise würden dem Benutzer das Finden von zum Beispiel den oben erwähnten Dezimalzahlen erleichtern.

4. Zusammenfassung

Wie aus der durchgeführten Analyse hervorgeht, war *Celaryus polski* makrostrukturell ein wenig benutzerfreundliches Wörterbuch, insbesondere für einen deutschen Benutzer, für den es – wie es sich aus dem Titel des Werkes und des Vorworts ergibt – bestimmt war. Erstens wählte der Verfasser einen für diesen Zweck zu komplizierten Typ der Makrostruktur, welcher gute Kenntnisse im Polnischen voraussetzte, obwohl die Sprache der Lemmata als eine dem Benutzer fremde Sprache angenommen wurde. Außerdem traf Faber so viele etymologische Fehlentscheidungen, dass selbst ein versierter Benutzer mit guten Kenntnissen im Polnischen Schwierigkeiten hätte, viele der Lemmata zu finden. Auf der Suche nach den Lemmata hilft dem Benutzer auch die Tatsache nicht weiter, dass der Verfasser – entgegen der bei nestalphabetischen Wörterbüchern geltenden Regeln – innerhalb eines Nestes mehrmals Sublemmata unterbringt, die mit dem Eingangslemma ausschließlich assoziativ und nicht morphosemantisch verknüpft sind. Für ernste Zweifel sorgt ebenfalls die Inkonsequenz bei der Wahl der Lemmata in bestimmten semantischen Gruppen sowie deren uneinheitliche Einstufung als Lemmata oder Sublemmata.

All das hat zur Folge, dass sich die Arbeit mit dem *Celaryus* und insbesondere seine Nutzung als Wörterbuch mit einer passiven Funktion als eine außerordentlich schwierige Aufgabe erweist.

Literaturverzeichnis

Primäre Literatur

FABER, Andrzej (nach 1717): *Celaryus polski, Oder Nach der Methode Des Lateinischen Libri Memorialis Cellarii, Vortheilhafftig eingerichtetes Polnisch- und Deutsches Wörter-Buch*, Brzeg.

Sekundäre Literatur

ESTREICHER, Karol (1891-1951): *Bibliografia staropolska*. Kraków.

FRĄCZEK, Agnieszka (2010): *Słowniki polsko-niemieckie i niemiecko-polskie z przełomu XVII i XVIII wieku. Analiza leksykograficzna*, Warszawa.

FRĄCZEK, Agnieszka (2011): *Von der Anordnung der Makrostruktur in polnisch-deutschen und deutsch-polnischen Wörterbüchern aus dem Ende des 17. und dem Anfang des 18. Jahrhunderts*, in: ŽEIMANTIENĖ, Vaiva (Hrsg.): *„Ich war immer zwischen Ost und West..." Grenzüberschreitende Beiträge zur Sprache und Literatur. Gedenkschrift für Ina Meiksinaitė zum 90. Geburtstag*, Wilno, S. 60-79.

HAUSMANN, Franz Josef/REICHMANN, Oskar/WIEGAND, Herbert Ernst/ZGUSTA, Ladislav (1989-1991) (Hrsg.). *Wörterbücher. Dictionaries. Dictionnaires. Ein internationales Handbuch zur Lexikographie*, Berlin.

LONDZIN, Józef (1924): *Polskość Śląska Cieszyńskiego*, Cieszyn.

SCHRÖDER, Konrad (1987-1995): *Biographisches und bibliographisches Lexikon der Fremdsprachenlehrer des deutschsprachigen Raumes, Spätmittelalter bis 1800*, Band 2-5, Augsburg.

Anmerkungen zur sprachlichen Situation in Galizien unter der Herrschaft der Habsburger

Margit Eberharter-Aksu (Toruń)

Uwagi o sytuacji językowej w Galicji pod panowaniem Habsburgów.

Przedmiotem poniższego artykułu jest sytuacja językowa w Galicji w okresie panowania Habsburgów. Po przedstawieniu sytuacji historyczno-politycznej oraz dążeń do autonomii czytelnik zapozna się z różnorodnością językową i narodowościową Galicji. Artykuł jest bogato ilustrowany materiałem językowym, podkreślającym wzajemne wpływy języka polskiego i niemieckiego w tamtym okresie na badanym terenie.

Einführung

Der vorliegende Beitrag befasst sich mit der sprachlichen Situation im vom österreichischen Herrscherhaus besetzten Galizien, das aus Teilen des aufgelösten Staates Polen und der Ukraine bestand. Um zu verstehen, wie sich die sprachlichen Verhältnisse in der Provinz entwickelten, ist es notwendig, die wichtigsten historischen und politischen Rahmenbedingungen zu erörtern. Hinsichtlich der kulturellen und sprachlichen Rechte gab es über die Jahre hinweg weitreichende Veränderungen. Hier sind besonders jene Sprachgesetze zu erwähnen, die in den 1860er Jahren zu einer de-facto Autonomie in Galizien beitrugen. Ein Abschnitt der Arbeit wird sich darum politischen und historischen Ereignissen widmen, die letztlich zu dem führten, was sich hinter dem Begriff „polnisches Piemont" verbirgt, nämlich die geläufige Vorstellung, dass die Habsburger im Vergleich zu den anderen beiden Teilungsmächten, Preußen und Russland, noch das kleinere Übel gewesen seien. In der Arbeit wird deutlich werden, dass man kaum von einer bewussten Germanisierung Galiziens sprechen kann, dagegen ab 1867 eher von einer zunehmenden Polonisierung.

Im Anschluss daran werden deutsche Entlehnungen behandelt, die sich während der Habsburgerzeit in den unterschiedlichsten Lebensbereichen verbreiteten. Diese Termini tragen unterschiedlichste Konnotationen, die auch kritische Aspekte aufweisen. Besondere Beachtung findet die Sprache in der galizischen Armee, in der man mit der Einführung der „Regimentsprache" den verschiedenen Völkern sprachlich einigermaßen gerecht werden wollte. Ein wichtiges Phänomen stellt in diesem Rahmen die Soldatensprache dar, die an zwei umfangreicheren Beispielen Darstellung findet und diese Arbeit abschließt.

1. Geschichtliche und politische Situation

Am 5. August 1772 einigten sich Preußen, Russland und Österreich in Sankt Petersburg darüber, Polen aufzuteilen. Der polnische König Stanisław August

Poniatowski bat noch Papst Clemens XIV., in Wien gegen die Teilung zu intervenieren, da er nicht daran zweifelte, „dass Maria Theresia als fromme Frau, der päpstlichen Ermahnung Gehör schenken und ihre Truppen aus dem Gebiet der Republik Polen abziehen werde, um auf diese Weise die beiden verbliebenen Mächte in eine unangenehme Lage zu bringen." (Daszyk 1996: 134) Maria Theresia hatte durchaus Skrupel und zweifelte an der Legitimität des Rechtsanspruches auf die polnischen Länder, der aus einer offenbar nicht verjährten Zugehörigkeit zur ungarischen Stephanskrone abgeleitet wurde (vgl. Glassl 1975: 78). Doch weder die päpstliche Fürsprache, noch die Tränen, die Maria Theresia über das Unglück Polens beim Unterschreiben des ersten Teilungsvertrages vergossen haben soll, halfen dem polnischen Staat. 1773 musste König Stanisław August den Abtretungsvertrag an Kaiserin Maria Theresia, die in Folge auch den Titel „Königin von Galizien und Lodomerien" erhielt, unterzeichnen. (vgl. Daszyk 1996: 136).

Österreich bekam im Zuge der ersten und der dritten Teilung Polens Gebiete mit einer Fläche von 83 000 km² respektive 47 000 km². Bei der ersten Teilung Polens fielen Kleinpolen ohne Krakau, ein Großteil von Rothreußen mit Lemberg, Halitsch und Przemyśl, ein Teil Podoliens und Wolhyniens sowie, nach der dritten Teilung, Krakau, der restliche Teil der Woiwodschaft Sandomir, das Gebiet um Chełm und die Gebiete westlich des Flusses Bug und östlich von der Weichsel an das Habsburgerreich (vgl. Berg 2010: 7) [1].

Galizien war flächenmäßig die größte Provinz der cisleithanischen Reichshälfte und seine Bevölkerung verdoppelte sich zwischen 1776 und 1848 von rund 2,6 Mio. auf über 5,2 Mio. Einwohner. Im Jahr 1914, also vier Jahre bevor die Existenz Galiziens der Geschichte angehören würde, zählte man eine Bevölkerung von 8 Mio. Menschen. Dieser starke Bevölkerungszuwachs lag an der etwas verbesserten Lebensmittelversorgung dank der kaiserlichen Verordnungen, dennoch war das wirtschaftlich schwache Gebiet dieser rasanten Entwicklung kaum gewachsen, was sich in den Lebensbedingungen der Bevölkerung manifestierte.

Zu den galizischen Völkern und Nationalitäten gehörten Ruthenen, wie die Ukrainer damals genannt wurden, Polen, Juden und Deutsche, daneben waren auch noch Armenier, Griechen, Bulgaren und Rumänen, Russen, Magyaren, Tschechen, Slowaken und andere Gruppen, die zur Völkervielfalt beitrugen (vgl. Mark 1994: 51). Kaiserin Maria Theresia schickte zunächst Beamte, Lehrer, Handwerker und Kaufleute aus den deutschsprachigen Ländern. Im Rahmen der Siedlungspolitik der Habsburger ließen sich bis 1803 rund 15.000 deutschsprachige protestantische und katholische Bauern, der Großteil aus der Pfalz, in Galizien nieder.

---

1   Krakau gehörte von 1809 bis 1815 zum Herzogtum Warschau und existierte anschließend als Republik Krakau bis 1846 als Kondominium der Teilungsmächte, ehe es nach dem Krakauer Aufstand Österreich zufiel.

Die Bevölkerung war bunt gemischt, wenngleich die Polen West-Galizien und die Ruthenen, die zu über 90% als Bauern auf dem Land lebten, zahlenmäßig Ost-Galizien dominierten. Die gesamte Provinz war noch bis ins 20. Jh. ein Agrargebiet mit über 75% Landbevölkerung, wogegen die Hauptstadt Lemberg 1851 kaum mehr als 50.000 Einwohner zählte. Die wenigen restlichen Städte waren noch dünner besiedelt. Vor allem Polen und Juden bildeten die urbane Schicht, auch in den Städten des ruthenisch dominierten Ost-Galiziens. Selbst hier machten die Ruthenen maximal ein Viertel der Städter aus (vgl. Seraphim 1951: 19). Das hatte Auswirkungen auf die Rolle der Ruthenen in politischen Fragen, da die Städter auf die politische Entwicklung relativ mehr Einfluss ausüben konnten als die Landbewohner.

Ab 1880 erhob man in den Volkszählungen nicht mehr die nationale Zugehörigkeit, sondern die Umgangssprache, obwohl sicherlich ein Anteil der Bevölkerung mehrsprachig war. Bei dieser Umfrage dominierte die polnische Sprache mit 51,5%. Ruthenisch wurde von 43% der Bevölkerung gesprochen und Deutsch von 5,5%. Bis 1900 ist eine sinkende Tendenz für Deutsch (1,1%) und Ruthenisch (40,2%) zu beobachten, wogegen sich eine zunehmende Polonisierung abzeichnet (59%). Die jüdische Bevölkerung wird in der Erhebung der Umgangssprache gar nicht erfasst: „(..) in der Donaumonarchie hatte man, wie bekanntlich, die Juden nicht als Nation anerkannt und ihre Sprache, Jiddisch, existierte deshalb auch in keinen der offiziellen Sprachregister der Habsburgischen Kronländer." (Kaszynski 1995: 40). Sie waren im Rahmen der Volkszählung letztlich dazu genötigt, als Umgangssprache entweder polnisch, ruthenisch oder deutsch anzugeben.

2. Autonome Bestrebungen

Bereits in den 1830er Jahren bildeten sich mehrere konspirative Gruppen. Unter der polnischen Bevölkerung, die eine Wiedererstehung des polnischen Staates ersehnte, aber auch auf ruthenischer Seite kam es zu nationalen Bewegungen. Ein Beispiel ist die „Vereinigung des polnischen Volkes" (Stowarzyszenie Ludu Polskiego), die 1837 von der Lemberger Polizei unter dem Polizeidirektor Leopold von Sacher-Masoch aufgedeckt wurde. Ihre meist adligen Mitglieder wurden inhaftiert, einige kamen in die berüchtigte Festung Kufstein, über die ein Spottgedicht kursierte:

„Vivat Ferdynand d´Este, Zdobywca Warszawy,
Co nas tak pokochał skrajnie, Że chce Polskę mieć.... w Kufsteinie!
Vivat rycerz prawy!"

(nach Kieniewicz 1950: 102f).[2]

---

2 „Vivat Ferdinand D´Este, der Eroberer Warschaus, der uns so außerordentlich liebt, dass er Polen in Kufstein haben möchte! Vivat der edle Ritter!"

Auch die Zerschlagung einer Verschwörung in den in Galizien stationierten österreichischen Regimentern gelang der Polizei im Jahre 1840, doch sollten die Erfolge im Kampf der Polizei gegen revolutionäre oder aufrührerische Zirkel nur unzureichend gewesen sein. Es gelang nie, den Kern der Verschwörung zu fassen (vgl. Sacher-Masoch 2006: 30). So kam es am 18. Februar 1846 zum Aufstand, allerdings mit für die Aufständischen unerwarteten Folgen:

> „Die polnische Emigration arbeitete seit Jahren an einer allgemeinen Erhebung in diesem Kronlande, um dasselbe vorerst zum Abfalle von Oesterreich zu bringen und dann die Brandfackel der Revolution in die anderen Provinzen des ehemaligen Königreiches Polen zu schleudern. Zahlreiche Emissäre – als Mönche, Geistliche und dergleichen verkleidet – durchzogen das Land und suchten die Bevölkerung für den abenteuerlichen Plan zu gewinnen. Dies gelang ihnen auch bei einem grossen Theile des Adels, doch scheiterte das Ganze an dem tiefgewurzelten Hass der Landbevölkerung gegen ihre Gutsherren, was zur Folge hatte, dass im Februar in vielen Gegenden – namentlich West-Galiziens – das Landvolk, statt dem Rufe des Adels zu folgen, sich gegen denselben erhob (...)" (k.k. Infanterieregiment 1888: 479).

Nachdem Mitglieder der „Vereinigung des polnischen Volkes" am 18. März 1846 ein Attentat auf den Bürgermeister von Pilzno, Kasper Markl, verübt hatten, kam es zu einem Ausbruch von Gewalt, der in einem Massaker gipfelte: „Die Kunde von dem furchtbaren Morde des von den Bauern allgemein verehrten Markl verbreitete sich mit Schnelligkeit (...) und steigerte die Aufregung des Landvolkes um so mehr, als dadurch das Gerücht Nahrung bekam, dass die Verschworenen allen anders Gesinnten, insbesondere den Bauern nach dem Leben strebten. (...) Die Landleute tödteten in den ersten Tagen der Bewegung die Insurgenten, welche bewaffnet gegen die von ihnen geliebte Regierung auftraten und durch die ihnen die Herstellung Polens drohte, an die sie nur mit Schrecken denken konnten" (Sacher-Masoch 2006: 23).

In Folge plünderten und mordeten die aufgebrachten Bauern wahllos Adelige und Gutsbesitzer, bis letztlich das Einschreiten des Militärs unumgänglich war. Dieser blutige Bauernaufstand ging als „rabacja galicyjska" in die Geschichte ein.

Den Verschwörern und ihrer Sache war aber die nicht-bäuerliche Bevölkerung äußerst zugetan. Das wurde deutlich, als zwei Mitglieder der „Vereinigung des polnischen Volkes", unter ihnen Józef Kapuscinski, der an dem Mord an Markl beteiligt war, wegen Konspiration zum Tod verurteilt wurden: „Als am 31. Juli 1847 das Urteil in Lemberg durch Erhängen vollstreckt werden sollte, versammelten sich zahlreiche Bürger, um ihre Sympathie mit den Verurteilten zu bekunden. Ihre Gräber wurden in den folgenden Tagen und Nächten zur Wallfahrtsstätte der Bevölkerung, so dass schließlich die

Polizei und Militär die Grabstätte umstellte und die Bevölkerung vorübergehend nicht mehr die Gräber besuchen konnte." (Röskau-Rydel 1993: 56f).

So niederschmetternd die Situation für die polnischen Freiheitskämpfer gewesen sein mochte, zeigten die folgenden Jahre allerdings eine bedeutsame Wende. Das Jahr 1848 brachte eine Hoffnung, denn unter dem Eindruck der revolutionären Ereignisse vom 13. und 14. März in Wien, sah sich Kaiser Ferdinand I. gedrängt, die Rede-, Presse und Versammlungsfreiheit sowie eine parlamentarische Volksvertretung zu verwirklichen. Kaum war diese Neuigkeit am 18. März in Lemberg eingetroffen, arbeiteten in der gleichen Nacht polnische Politiker eine Petition an den Kaiser aus, die eine Liste von Forderungen enthielt: gleiche Rechte für alle Untertanen, die Freiheit des Wortes, die Einberufung des Landtages, die Aufhebung der Frondienste, das Recht der Bauern auf Grundeigentum, eine Amnestie für politische Gefangene, die Schaffung einer polnischen Nationalgarde und auch die Einführung der polnischen Sprache in Ämtern und Schulen. 12.000 Lemberger unterzeichneten diese Petition, die den Anspruch erhob, im Sinne der gesamten Bevölkerung Galiziens zu sein, obwohl mit keinem Wort explizit ukrainische Interessen Erwähnung fanden (Botušans'kyj 2000: 116).

Tatsächlich wurden einige Forderungen bald gewährt. Die politischen Häftlinge kamen frei, die Aufhebung der Zensur erfolgte und dem Wunsch nach einer Nationalgarde wurde entsprochen (vgl. Röskau-Rydel 1993: 57). Es kam auch zur Aufhebung des Frondienstes und des Hörigkeitsverhältnisses, was allerdings nicht auf die Petition, sondern auf die Initiative des galizischen Statthalters Franz Graf Stadion zurückging. Er setzte recht eigenmächtig und fünf Monate früher als in den anderen Ländern der Monarchie, nämlich schon am 16. April 1848, die Befreiung der Bauern in Galizien durch. Der Grund für diese Eile lag darin, dass der Statthalter den polnischen Revolutionären, die sich die Gunst der Bauern sichern wollten, voraus sein wollte (vgl. Pacholkiv 2002: 58). So aber schrieb der Bauernstand diese Maßnahme dem Kaiser zu. Durch diesen Zug konnten aufständische Bestrebungen unter den Ruthenen weitgehend neutralisiert werden, allerdings trieb er noch einen tieferen Keil zwischen die ruthenische und polnische Bevölkerung (vgl. Hye 2007: 11).

Schon zuvor hatten sich die Ruthenen vergeblich für die Teilung des Kronlandes in ein polnisches West- und ein ruthenisches Ostgalizien eingesetzt, denn auch in der östlichen Hälfte bildeten die polnischen Großgrundbesitzer die besitzende Oberschicht, und die Ruthenen waren bis 1848 praktisch ausnahmslos Untertanen der polnischen Schlachta (vgl. Wagner 1983: 11 und 26f.). Doch blieben diese Wünsche unverwirklicht.

Die Polen gewannen dagegen in den folgenden Jahren immer mehr an Einfluss. Es kam zu einer Polonisierung der Schule und der Verwaltung. Im Jahr 1861 wurde ein galizischer Landesrat gegründet, der polnisch dominiert war, im Wiener Reichsrat etablierte sich aufgrund der relativ großen Zahl von Abgeordneten der sogenannte „Polenklub", der für die Wiener Regierung eine wichtige Rolle spielte. Es wurden auch Polen zu Ressortministern ernannt. Als Pionier ist der galizische Statthalter Agenor Graf Gołuchowski zu nennen, der 1859 zum Innenminister ernannt wurde und in Folge noch weitere Ministerämter innehatte. Das Amt des Ministerpräsidenten des österreichischen Teils der k.u.k. Monarchie wurde etwa Graf Alfred Potocki und später Graf Kazimierz Badeni übertragen (Hoensch 1998: 226f.). Die Nachfolger der galizischen Aristokratie, die sich einst in konspirativen Kreisen tummelte, wurden zu einer unverzichtbaren Säule der Habsburgermonarchie (vgl. Hye 2007: 11). Das Kaiserhaus konnte sich der Unterstützung eines großen Teils des galizischen Adels sicher sein, wie die Loyalitätserklärung der galizischen Stände an den Kaiser, aus einer Adresse des Landtags vom 10. Dezember 1866, deutlich macht: „Aus der Tiefe unserer Herzen erklären wir, dass wir zu Dir, allergnädigster Herr, stehen und stehen wollen." (nach Cetnarowicz 1996: 73)[3]

3. Völker- und Sprachenvielfalt

Die bereits erwähnte Völkervielfalt zeichnete sich einerseits durch ein teilweise sehr spannungsgeladenes Mit-, Neben- oder gar Gegeneinander, letzteres war besonders durch nationale Bestrebungen in der zweiten Hälfte des 19. Jahrhunderts verursacht, aus. Anderseits gehörten, ungeachtet der Gegensätze, Mehrsprachigkeit, Multikulturalität sowie nationale und konfessionelle Vielfalt zum Alltag im Kronland Galizien. Diese Tatsache wird besonders im Rückblick zu einer idealen Vorstellung harmonischer Koexistenz verklärt. Für Nostalgie gibt es jedoch keinerlei Grund. Im alltäglichen Leben hielten sich die galizischen Völker in ihren jeweiligen gesellschaftlichen Bereichen auf, die streng national voneinander abgegrenzt waren. Auch in räumlicher Hinsicht waren sie zumeist getrennt. Die Ruthenen verbrachten ihr Dasein auf dem Land im Dorf, die Polen in der Stadt, die Juden in ihren Schtetln und die deutschen Siedler, sie galten als arbeitsam und fromm, werkten in den Kolonien. Die ruthenischen Dörfer waren meist schmutzige Nester mit zertrümmerten Straßen und Häusern, geprägt von den „jämmerlichen Existenzbedingungen der ruthenischen Bauern, Häusler und Taglöhner, einer lethargischen, analphabetischen Masse, der der Horizont von der Kirche und der Branntweinschenke des polnischen Grundherrn verstellt war" (Pollack 2001: 83).

Die Armut der galizischen Bevölkerung war allgegenwärtig. Sie traf alle gleichermaßen, die jüdischen Hausierer aus dem Schtetl und die Bauern. Dies spiegelt die sarkastische Bezeichnung für das Kronland Galizien und

---

3   „Przy Tobie, Najjaśniejszy Panie, stoimy i stać chcemy"

Lodomerien wider: *Golicja i Głodomeria* (goły – nackt und głodny – hungrig) (vgl. Gauß/Pollack 1992: 18).

Ein die Völker trennender Faktor waren die Religionen mit ihren jeweiligen Autoritäten. Es gab alleine in Przemyśl einen polnischen römisch-katholischen sowie einen ruthenischen griechisch – katholischen Bischof, deutsche evangelische Pastoren und jüdische Rabbiner.

Streng national getrennt war auch das Schulwesen, und das Überschreiten dieser Grenze hatte nicht zu unterschätzende Folgen für den Einzelnen. In Anatol Regniers „Damals in Bolechów" widerfährt dies einem jüdischen Jungen, der eine polnische Staatsschule besucht: „Abraham Grünschlag, genannt Bumek, (...), war mit seinem Freund Józek Adler der einzige jüdische Knabe seiner Klasse und deshalb Anfeindungen ausgesetzt, die er in diesem Ausmaß nicht erwartet hatte" (Regnier 1997: 21).

Aber es gab auch Bereiche, in denen freie Begegnungen stattfinden konnten. So war etwa jegliches Trennende im Geschäftsleben aufgehoben. Die nationalen und sprachlichen Grenzen verschwammen. Diese Aufhebung der Völkertrennung, wenn auch nur unter bestimmten Umständen und Rahmenbedingungen, erschien als Befreiung. Alexander Granach beschreibt dies in „Hier geht ein Mensch" auf folgende Weise: „Nur war alles frecher, freier, leichter; es steckte an, jeder lachte und scherzte und hatte seine Rendezvous. Man sprach polnisch und deutsch und ukrainisch und jiddisch, und alle waren so geschäftig und aufgeregt." (nach Pollack 2001: 87).

Abseits des Handels und des Marktes fand kaum kultureller Austausch statt und die Nationalitäten lebten getrennt voneinander. In den Worten von Leopold von Sacher-Masoch kommt die Vision der Überwindung dieser Grenzen zum Ausdruck: „ (...) entwickeln Sie Ihre Bildung, Ihre Intelligenz unbekümmert um die traurigen, armseligen Grenzen, welche der Staat Ihrem Wissen zu stecken sucht, und Sie werden sich mehr und mehr nicht als Juden oder Christen, Polen, Russen oder Deutsche fühlen, sondern als Menschen, als Brüder und jeder in seinen kleinen Kreise die großen Ziele erreichen helfen, die Freiheit, die Gleichheit und den Weltfrieden" (Sacher-Masoch 1989: 418).

In Bezug auf Bildung, abseits des Schulwesens, ist die Presse als wichtige Informations- oder gar Bildungsmittel zu nennen. Tatsächlich waren die Zeitungen für die galizische Intelligenz eine wichtige Quelle über Neuigkeiten aus der gesamten Monarchie. Vor allem die Aufhebung der Zensur im Jahre 1848 kam diesem Informationsbedürfnis entgegen und der Zeitungsmarkt erlebte einen lebhaften, wenn auch nur kurzen Aufschwung (vgl. Ujvari 2008: 2f). Man darf darüber hinaus aber nicht vergessen, dass ein Großteil der galizischen Gesellschaft daraus keinen Nutzen ziehen konnte, da er nicht lesen konnte.

4. Sprachgerechtigkeit

Die Grundbedingung für Gerechtigkeit besteht darin, "sich an den Anderen in der Sprache des Anderen zu richten" (Bischof 2004: 187). Nationalen oder ethnischen Minderheiten in einem Staat eine Sprache aufzuerlegen oder aufzuzwingen, ist eine gewalttätige Handlung seitens des Staates und seiner Rechtssprechung, die dieser Prämisse widerspricht. Im österreichischen Vielvölkerstaat unterblieb eine solche Gewalttat, was zum Teil an der transnationalen und kaisertreuen Haltung der österreichischen Hochbürokratie liegen mochte, die sich dem Prinzip der Parteilosigkeit verschrieben hatte und es hochhielt (Pacholkiv 2002: 48).

Die sprachliche Gleichberechtigung verschaffte sich nach 1848 unaufhaltsam Geltung im Herrschaftsgebiet und mündete 1867 in das Grundrecht auf "Wahrung und Pflege von Nationalität und Sprache" (Art. 19).

Dieser Entwicklung geht aber zumindest der Versuch einer Germanisierung Galiziens voraus. Es wurden anfangs deutsche Beamten in das neue Kronland geschickt und sie bildeten im Jahr 1831 beinahe ein Drittel des 8.000 Personen umfassenden galizischen Beamtentums (Pacholkiv 2000: 568ff). Auch die Zuwanderung deutscher Handwerker und Bauern wurde durch Prämien und Privilegien gefördert, wodurch im Jahre 1846 die Zahl der eingewanderten Deutschen bis auf 100 000 stieg. Es wurde in erster Linie als notwendig erachtet, das sehr schwach entwickelte Kronland durch deutsches Know-how zu fördern. Diese Maßnahmen waren nur zum Teil als Germanisierungsversuche zu sehen und sie scheiterten auch in dieser Lesart, da sich viele der nach Galizien versetzten Beamten und Militärs polonisierten und sich auch die deutschen Kolonien in manchen Gegenden in die ruthenische oder polnische Umgebung integrierte (Guttry 1916: 85f.).

Deutsch war lange Zeit die dominierende Gelehrtensprache und ein Zugang zu dieser Gelehrtenrepublik erforderte das Durchlaufen eines deutschsprachigen Bildungswesens. Die Revolution von 1848 brachte diese Position zum kippen (vgl. Hye 2007: 23f.).

Zunächst wurde am 22.6.1867 ein Landesgesetz betreffend der Unterrichtssprachen an den Volks- und Mittelschulen verabschiedet. Es bestimmte, dass derjenige das Recht habe, über die Unterrichtssprache zu bestimmen, welcher die Kosten für die Schule trägt (vgl. Biberstein 1993: 263 und 249). In dessen Folge wurde in West-Galizien die polnische und in Ost-Galizien die polnische und ruthenische Schulsprache festgelegt. Trotz der relativen Toleranz der österreichischen Sprachgesetze konnte sich das Ruthenische gegenüber dem Polnischen schwer durchsetzen. So konnte die erste ruthenische Matura erst 1878 erworben werden (vgl. Hofeneder 2009: 1f.). Noch 1910 gab es neben 56 polnischen Staatsgymnasien nur 6 ruthenische und von 19 Privatgymnasien für Knaben waren 15 polnisch und 2 ruthenisch, von 14 Privatgymnasien für Mädchen war lediglich eines ruthenisch (vgl. Guttry 1916: 38).

In Galizien spiegeln in Folge die Unterrichtssprachen der höheren Anstalten allmählich die realen Sprachverhältnisse der Bevölkerung wider, wobei der ruthenische Anteil stets unterrepräsentiert war. Die deutsche Sprache büßte nicht nur im Volksschulbereich, sondern auch im höheren Unterrichtswesen ihre Dominanz ein. Ein großes Problem blieb aber die hohe Analphabetenrate in Galizien. 1859 besuchten nur 20% der schulpflichtigen Kinder die Schule und noch 1880 konnten über 70% der Bewohner über 6 Jahren weder schreiben noch lesen. Ein Ausbau der Volksschule verbesserte die Situation dahingehend, dass bis 1900 rund 70 % der schulpflichtigen Kinder tatsächlich eine Schule besuchten (vgl. Burger 2003: 41).

Eine Verordnung vom 5. Juni 1869 legte Polnisch als Amtssprache der staatlichen Verwaltungsbehörden und Gerichte, im inneren Dienst wie auch im Verkehr mit den Behörden fest, mit entsprechender Berücksichtigung des Ruthenischen (vgl. Guttry 1916: 36). Auch die Universitäten wurden polonisiert. Sowohl an der Universität Lemberg als auch der Jagiellonen Universität zu Krakau wurde Polnisch als Vortrags- und Prüfungssprache eingeführt.

Ausgenommen von der Polonisierung waren nur der Verkehr mit den Zentralstellen, die Militärbehörden sowie das Eisenbahnwesen. Hier ist Deutsch als Amtssprache beibehalten worden, aber es war im öffentlichen Dienst auf ein Mindestmaß beschränkt.

5. Deutsche Entlehnungen

Obgleich Galizien eher eine Polonisierung als eine Germanisierung erfuhr, verbreiteten sich im galizischen Alltag in vielen Lebensbereichen deutsche Entlehnungen. Sie weisen eine der Originalbezeichnung mehr oder weniger nachgeahmte phonetische Schreibung auf. Zumeist werden solche Begriffe entlehnt, die es im Polnischen nicht gibt und die unübersetzbar sind, oder existierende Äquivalente werden zugunsten der entlehnten Form bewusst umgangen. Diese Umgehung hat den Zweck, dass zusätzliche Konnotationen eingebracht werden können, über die das polnische Äquivalent nicht verfügt. Gibt es den Begriff von seiner Denotation in der Zielsprache nicht, fungiert er als ein relativ offenes Zeichen und erlaubt die Anlagerung verschiedener Bedeutungen (vgl. Woldan 1996: 55f.). Das ist wohl in jenen Bereichen der Fall, in denen etwa die deutschen Siedler bestimmte landwirtschaftliche Geräte oder typischen Hausrat nach Galizien brachten, die im polnischen bzw. ruthenischen Alltag in Galizien nicht verbreitet waren. In den folgenden Begriffen zeichnet sich der deutsche Einfluss im Bereich der Landwirtschaft, des Hausbaus und des Hausrats ab:

„ganek, ganok – Gang (beim Hause), przydachy – Vordach, szopa – Schupfen, spiklerz – Speicher, futryna – Fensterstock (Fensterfutter), szeba – Scheibe, Fenster, sruba – Schraube (auch eine Art Fensterverschluß), klamka – Klinke am Türschloss, ferladuna – Fensterladen, koch – eine Art Herd, drajfus – Dreifuß, listwa – Leiste, szoflada – Schublade, spyrnal – Sperrnagel beim Wagen, stelwaha – Stellwage, ortszek – Ortscheit, buksza – Radbüchse, hufnal – Hufnagel, zugli – Zügel, fartuch – Vortuch (der Frauen), gugla – Kapuzenmantel, manta – Mantel, taszka – Ledertasche, krysa – Krause, leybek – wollenes Unterkleid, magliunycia – Mangelholz (zum Rollen, Glätten der Wäsche) usw."

(Kaindl 1911: 153, Schreibweise im Original).

Diese Entlehnungen wurden gerne als Beleg für die kulturellen Verdienste der angeworbenen deutschen Bauern und Handwerker verstanden, deren landwirtschaftliches und handwerkliches Können als Musterbeispiel dienen sollte, um die allgemein schlechte Situation in Galizien zu verbessern.

5.1. Typisch österreichischer Spracheinfluss

In der polnischen Literatur finden sich daneben auch Entlehnungen, die direkt mit der Herrschaft der Habsburger und dem Einfluss der Monarchie in Zusammenhang stehen. Sie beziehen sich auf verschiedene semantische Felder. Beispiele für größtenteils unübersetzbare kulinarische und gastronomische Termini, die teils der typischen Wiener Kaffeehaustradition entstammen, sind folgende Begriffe: wiedenski strudel (Wiener Strudel), kajzerki (Kaisersemmeln), kapucyn (Kapuziner bzw. Cappuccino), calkelner (Zahlkellner), picolo (Piccolo, auszubildender Kellner), po achtel samogonu (je ein Achtel Schnaps), dwie halby (2 Halbe), szpricer (Gespritzter), feslawskie (Vöslauer Weine), na Heurigera (beim Heurigen) (Woldan 1996: 57f. und 66f.).

Es finden sich auch Entlehnungen aus dem Bereich der Unterhaltung, für die es sehr wohl polnische Übersetzungen gegeben hätte, doch verweisen die entlehnten Begriffe auch auf den Hedonismus und der „Morallosigkeit", die Vorstellungen über das Österreichische anhaftet: placmuzyka (Blasmusik), sztajerki (Steirischer, Tanz), tancbuda (Tanzbude), pufy (Bordelle), frajla (Fräulein im Bordell), fordanserka (Vortänzerin), bajzelmama (Puffmutter), na strychu (auf dem Strich), szwindel (Schwindel), to jest cynk (das ist gezinkt) (Woldan 1996: 62-70).

Eine negative Konnotation weisen Entlehnungen aus dem politischen Leben auf, die auf Auseinandersetzungen mit und Ungerechtigkeiten innerhalb der Staatsmacht hindeuten: szwargelberzy (die Schwarzgelben, übertriebene Loyalität zum Kaiserhaus), Umsturzpartei (Umsturzpartei), szacherka (Schacher), festunki kryminalne (Kerkerfestungen), kerkermeistrzy (Kerkermeister), gehajmpolicja (Geheimpolizei) (ebenda).

5.2. Die Sprache in der galizischen Armee

Entlehnungen aus dem Deutschen österreichischer Prägung sind auch bei der galizischen Armee zu finden, die bis zuletzt deutschsprachig war. Das Deutsche war zwar Dienst- und Kommandosprache, allerdings gab es auch die „Regimentssprache". Sie diente der Kommunikation innerhalb der Regimenter und war die Sprache, die von mindestens 20% der Mannschaft gesprochen wurde. Bestand ein Regiment aus Deutschen, Tschechen und Polen, von denen jeweils jede Gruppe mehr als 20% stellte, so gab es drei Regimentssprachen. Die Offiziere waren verpflichtet, jede der Regimentssprachen zu erlernen. Das bedeutete oft, zwei oder drei Sprachen zu erlernen, da viele Regimenter vielsprachig waren. Dennoch ist es als gegeben anzunehmen, dass das Deutsche die Gebersprache war.

Im Jahr 1880 gab es in Galizien 32 000 Soldaten, von weniger als ¼ (6 000) deutsch sprach, dagegen waren 12 000 Polnischsprachige. 30 Jahre später waren es bereits 68 000 Soldaten, von ihnen 26 500 polnisch- und 15 000 deutschsprachige. In Anbetracht dieser Sprachverhältnisse unter den Soldaten, lässt sich ein ebensolches unter den höheren Rängen erwarten. Die Zahlen für 1897 widerlegen diese Vermutung für die Berufsoffiziere, von denen 77% deutschsprachig waren und lediglich 3% polnischsprachig. Auch bestand zumindest die Hälfte des habsburgischen Reserveoffizierskorps aus deutschsprachigen Offizieren. Die polnische und ruthenische Gruppe war unter den Reserve- und Berufsoffizieren stark unterrepräsentiert. Sicherlich war die Ausbildung ausschlaggebend, also der Besuch eines Militärgymnasiums und einer Militärakademie, es lässt sich aber vermuten, dass diese militärische Ausbildung nicht allen Volksgruppen in gleicher Weise offen stand oder zugänglich war.

Die deutsche Kommandosprache bestand aus ca. 100 grundlegenden Begriffen, die jeder Soldat beherrschen musste. Die Befehle wurden zuerst auf Deutsch und anschließend auf polnisch gerufen. Beispiele für solche Befehle sind (nach Suchorzebska 2009: 41f.):

Ruht! – Spocznij!
Bajonet- auf! – Bagnet na broń!
Laden – Nabijać!
Schiessen! – Palba!
Marschieren! – Do marszu!
Antreten! – Na stanowiska!

Habt-acht! – Baczność!
Fällt das – Bajonet! – Do ataku – broń!
Lad-det! – Na-bij!
An! – Cel!
Glied- Marsch! – Szereg- Marsz!
In ein – Glied! – W jeden szereg!

Da die Übersetzungen hier keine neueren Entlehnungen aufweisen (das Wort „marsz" wurde bereits viel früher aus dem Deutschen entlehnt), kann man auf einen gewissenhaften Umgang mit der polnischen Sprache schließen. Die Entlehnungen kamen also nicht aus offiziellen Texten, sondern im sprachlichen Umgang zustande. Man denke an die Regimentsprachen, die eine multilinguale Situation erschaffen konnten. Deutsche Einflüsse tauchen im militärischen Sachbereich auf: kaliber, lufa (Rohr, Lauf), maszerować (marschieren), musztra (Exerzieren, Drill) und oficer, hier vor allem im Bereich der Ausrüstung (Waffen und Waffenteile, Kleidung), Dienstgrade/Waffengattungen und Befehle, da das österreichische Militär zu der Zeit dem polnischen technisch überlegen war (vgl. Lipczuk 2001: 7).

5.2.1. Beispiele für die soldatische Subsprache

Neben der offiziellen Militärsprache gibt es noch das Phänomen der Soldatensprache, die eine inoffizielle Variante unter den Soldaten, somit einen Soziolekt, darstellt. Dies ist insofern bedeutsam, als der vielfach positiv bewerteten Habsburgerarmee hier eine äußerst harte und teils unmenschliche Behandlung des gemeinen Soldaten vorgeworfen wird, der körperliche Strafen erdulden musste (vgl. Woldan 1996: 193). Die Soldatensprache, für die in Folge zwei Textbeispiele gegeben werden, hatte darum wohl auch eine Art der Ventilfunktion, in der auf humoristische Weise die schwierigen Bedingungen in der von vielen als fremd empfundenen Armee Ausdruck finden konnten. Die Ausdrücke wurden, wie man bereits an Beispielen gesehen hat, größtenteils phonetisch und orthographisch dem Polnischen angepasst. Auf Textebene werden auch morphologische Adaptionen an das Polnische berücksichtigt. Daneben finden sich aber auch Wörter, die unverändert aus dem Deutschen übernommen wurden, wie der folgende Text mit dem Titel „Po zaprowadzeniu języka polskiego w wojsku austriackim" (nach Kułacz 2010: 11) zeigt:

> „Halts maul, sakramencki pagaż, stulić gęby, nie szwancować i acht dawać na to, co powiem! Dzisioj stoi w befelu, co pan oberst będzie jutro trzymał cymerwizyte, lo tego kirch parady ni ma, ino coby mi dzusiok gang in cymry były porzonnie na sucho wyrajbowane, szyćkie geselsiafty ja się patrzy wypucowane na blask, strozoki i kopustroki richtig wystopfowane, brudsoki w tyle na obu kawaletach zawieszone, deki zyklopfowane i podług forszriftu złożone. Bajonet i taszki lakierować. Mentle bedom rolowane. Takskaprol mo patrzyć, coby koch miał czysty szure, w kuchni szyćko na glanc. Patrzcie się, coby nikaj jakiego szwajceraju bie było. Cymeraufseery mają cymerlisty i weszlisty mieć zaantragowane, a który bedzie leniwy, dostanie hausareszt abo będzie kursszlisowany. No, rozumiersz, sakramencki pagaż jeden z drugim po polsku? hę?" [4]

---

4 pagaż – Bagasch (Gesindel, Lumpenpack), szwancować – sich schwanzen (ärgern), dawać acht – Acht geben, befel – Befehl, trzymać cymerwizyte – Zimmervisite halten, kirch parada – Kirchparade, gang – Gang, cymer – Zimmer, rajbować – reiben, geselsiaft – Gesellschaft, pucować – putzen, strozok, strużak, kopustrok – Kopfstrohsack, śtopfować – stopfen, brudsok – Brotsack, deka – Decke, klopfować –

Wiewohl dieser Text parodistisch ist, kann er doch Hinweise auf die verwendete Sprache im alltäglichen Leben der Soldaten geben. Er weist einige Ausdrücke auf („Halts maul", „acht", „oberst", „kirch" aus dem Kompositum „kirchparada", „gang", „richtig", „bajonet", „koch" und „haus" aus der Kompositum „hausareszt"), die unverändert aus dem Deutschen übernommen wurden und unter den Soldaten bekannt waren oder von ihnen benutzt bzw. zumindest verstanden wurden.

Der abschließende Text zeigt im Vergleich zum obigen, dass es für Entlehnungen auch verschiedene Schreibweisen geben konnte, wie an den Beispielen kopustrok/ kopusdrok, klupać/ klopfować, forśryft/ forszrift, deutlich wird.

„Wyrazy i zwroty żołnierskie
- żołmirz musi se wyklupać śtruzok i kopuzdrok.
- Powinien rajbiślom wyrajbować podłogę w cymrze.
- Kup se hośtrajfków i obszyj haśpindel, bobyś dostoł kasarnika.
- Na hofie bijom ufermy na ajnce.
- Podej panu felfebrowi śtrajhylca.
- Cy mos wedle forśryftu ćwieki w siuśpicach i fuszolach, a gwoździe w abzacach?
- Ani dekiel, ani szolka nie śmi być w burcoku.
- Dziś na ciućpajs był transport (groch okrągły z ryżem), a jutro będom ucha (Pierogi z powidłami).
- To suifece mają być w ciaku schowane, a nie w tanistrze
- Juz jest po strajchu
- Ej, poleje ci sie wazylina z nosa!
- Zatkoj sobie gębę mindungsdeklem, i być cicho, bo się komu patrzy, to mu się giebiruje
- Zamknij no se śperklape
- Weź śpate i chodź!
- Wypier cwilhozny
- Pucer, puclik, prywatyner, obsługujący"

(Gonet 1897: 80f.; nach Kułacz 2010: 9ff.).

6. Schlussfolgerungen

Die Herrschaft des österreichischen Kaiserhauses ermöglichte sprachliche und kulturelle Freiheiten in Galizien, von denen allerdings nicht alle Volksgruppen gleichermaßen profitieren konnten. So zeichnete sich stets zwi-

---

klopfen, forszrift – Vorschrift, taszka – Patronentasche, mentel – Mantel, rolować – rollen, takskaprol – Tagskorporal, koch – Koch, szur – Geschirr, glanc – Glanz, szwajceraj – Schweizerei (Kuhstall, Viehhof), cymeraufseer – Zimmeraufseher, cymerlista – Zimmerliste, weszlista – Waschliste, antragować – eintragen, hausareszt – Hausarrest, kursszlisować - kurzschließen

schen der polnischen und der ruthenischen Gruppe ein Ungleichgewicht zuungunsten der Ukrainer ab. Dies mag daran liegen, dass sie als bäuerliche Schicht den polnischen Gutsbesitzern im wörtlichen Sinne unterlegen waren, aber auch im Landtag nicht verhältnismäßig vertreten waren und folglich nur geringen politischen Einfluss ausüben konnten. Auch wenn die sprachlichen Regelungen den verschiedenen Völkern beträchtliche Entfaltungsmöglichkeiten erlaubten, so hinkte doch das Schulsystem insgesamt der Zeit hinterher, da die Analphabetenrate, ungeachtet der bestehenden Schulpflicht, in Galizien höher als im restlichen Herrschaftsgebiet war.

In der galizischen Armee kann ebenfalls von einer gesetzlich geregelten Sprachgerechtigkeit ausgegangen werden, die der Sprachenvielfalt der Soldaten durchaus Rechnung trug. Die hohen Ränge des Militärs belegten aber unverhältnismäßig oft Deutschsprachige. Polnische Offiziere waren dagegen eine Ausnahme. Deutsche Entlehnungen sind nicht notwendigerweise ein Beleg für Unterdrückung, obwohl gerade im Militärbereich eine Dominanz in materieller, personeller und technischer Hinsicht nicht zu bestreiten ist. Dass das schwächste Glied dieser „totalen Institution" der gemeine Soldat ist, muss nicht extra betont werden. Er war Drill und Bestrafungen ausgesetzt, die dem Ziel dienten, das Kaiserreich im Kriegsfall mit dem eigenen Leben zu verteidigen. Der soldatische Soziolekt, gespickt mit deutschen Entlehnungen, ist darum ein wichtiges Zeugnis für die Umstände im Militär in der Habsburgerzeit. An zwei Beispielen wurde offensichtlich, dass es vor allem Witz und Humor sind, die der Soldatensprache ihre besondere Funktion verleihen.

Literaturverzeichnis:

BERG, Anna de (2010): *«Nach Galizien». Entwicklung der Reiseliteratur am Beispiel der deutschsprachigen Reiseberichte vom 18. bis zum 21. Jahrhundert*, Frankfurt am Main.

BIBERSTEIN, Christoph Marschall von (1993): *Freiheit in der Unfreiheit, die nationale Autonomie der Polen in Galizien nach dem österreichischungarischen Ausgleich von 1867: ein konservativer Aufbruch im mitteleuropäischen Vergleich*, Wiesbaden.

BOTUŠANS'KYJ, Vasyl' M. (2000): *Die Ukrainer und der Prager Slavenkongreß*, in: MORITSCH, Andreas/KRAHWINKLER, Harald et .al. (Hrsg.) *Der Prager Slavenkongress 1848*, Wien/Köln/Weimar, S.115- 123.

BURGER, Hannelore (2003): *Sprache und Gerechtigkeit im Unterrichtswesen*, in: BINDER, Harald/KRIVOHLAVA, Barbora/VELEK, Lubos (Hrsg.): *Position of National Languages in Education, Educational System and Science of the Habsburg Monarchy, 1867-1918, Conference Proceedings, Prague, November 18-19, 2002. Studies in the History of Sciences and Humanities 11*, Prag, S. 33-46.

CETNAROWICZ, Antoni (1996): *Die proösterreichische Orientierung bei den Polen in der zweiten Hälfte des 19. Jahrhunderts*, in: ANDREAS Moritsch (Hrsg.) *Der Austroslavismus: ein verfrühtes Konzept zur politischen Neugestaltung Mitteleuropas*, Wien, S. 68- 77.

DASZYK, Krzysztof K. (1996): *Eroberer oder Anwärter auf den polnischen Thron. Die Habsburger im Urteil und den politischen Plänen der Polen in der Zeit der Teilungen (1772-*

1795), in: BUSZKO, Józef/LEITSCH, Walter (Hrsg.) *Österreich Polen. 1000 Jahre Beziehungen*, Krakau, S.133- 155.

DERRIDA, Jacques (1991): *Gesetzeskraft. Der „mythische Grund der Autorität"*, Frankfurt am Main.

GONET, Szymon (1897): *Język polski w wojsku*, Warszawa.

GAUß, Karl-Markus/POLLACK, Martin (1992): *Galizien-Rekonstruktion einer zerstörten europäischen Landwirtschaft,* in: GAUß, Karl-Markus/POLLACK Martin(Hrsg.): *Das reiche Land der armen Leute*, Wien.

GESCHICHTE *des k.k. Infanterie-regimentes Oskar II. Friedrich könig von Schweden und von Norwegen no. 10 von seiner errichtung 1715 bis nov. (1888).* Selbstverlag.

GLASSL, Horst (1975): *Das österreichische Einrichtungswerk in Galizien (1772- 1790),* Wiesbaden.

GRANACH, Alexander (2003): *Da geht ein Mensch. Autobiographischer Roman*, Augsburg.

GUTTRY, Dr. Alexander von (1916): *Galizien. Land und Leute,* München.

HOENSCH, Jörg (1998): *Geschichte Polens,* Stuttgart.

HOFENEDER, Philipp (2009): *Galizisch-ruthenische Mittelschullehrbücher und ihre sprachliche bzw. inhaltliche Ausrichtung*, in: Kakanien Revisited, 20/01/2009. S. 1-11. Abrufbar unter: http://www.kakanien.ac.at/beitr/fallstudie/PHofeneder1.pdf [letzter Abruf: 02.10.2011]

HYE, Hans Peter (2007): 1848/49 *– Die Wende in der Habsburgermonarchie*, in: Kakanien Revisited 23/11/2007, S. 1-31. http://www.kakanien.ac.at/beitr/wende/HHye1.pdf [letzter Abruf: 09.10.2011]

KAINDL, Raimund F. (1911): *Geschichte der Deutschen in den Karpathenländern*, Gotha.

KIENIEWICZ, Stefan (1950): *Konspiracje galicyjskie 1841-1848*, Warszawa.

KUŁACZ, Sławomir (2010): *Germanizmy w Języku polskich żołnierzy armii austro-węgierskiej*, in: Biuletyn Forum Austro Wegry, S. 9-13.

KASZYNSKI, Stefan H. (1995): *Österreich und Mitteleuropa. Kritische Seitenblicke auf die neuere österreichische Literatur*, Poznań.

LIPCZUK, Ryszard (2010): *Deutsche Entlehnungen im Polnischen – Geschichte, Sachbereiche, Reaktionen*, abrufbar unter: http://www.linguistik-online.de/1_01/Lipczuk.html [letzter Abruf: 03.10.2011]

MARK, Rudolf (1993): *Polnische Bastion und ukrainisches Piemont*, in: FÄSSLER, Peter/HELD, Thomas/SAWITZKI, Dirk (Hrsg.) *Lemberg-Lwow-Lviv: Eine Stadt im Schnittpunkt europäischer Kulturen*, Köln, S. 46-74.

MARK, Rudolf A. (1994): *Galizien unter österreichischer Herrschaft. Verwaltung-Kirche-Bevölkerung*, in: KRÄMER, Julius (Hrsg.): *Historische und landeskundliche Ostmitteleuropa-Studien 13*, Marburg. S. 51-118.

NOWOWIEJSKI, Bogusław (1996): *Zapożyczenia leksykalne z języka niemieckiego w polszczyźnie XIX wieku*, Białystok.

PACHOLKIV, Svjatoslav (2000): *Das Werden einer Grenze. Galizien 1772-1867*, in: HEINDL, Waltraud/SAURER, Edith u.a. (Hrsg.) *Grenze und Staat: Paßwesen, Staatsbürgerschaft, Heimatrecht und Fremdengesetzgebung in der österreichischen Monarchie 1750-1867*, Wien/Köln/Weimar, S. 519 – 618.

PACHOLKIV, Svjatoslav (2002): *Emanzipation durch Bildung: Entwicklung und gesellschaftliche Rolle der ukrainischen Intelligenz im habsburgischen Galizien (1890-1914)*, Oldenburg.

BISCHOF, Sascha (2004): *Gerechtigkeit – Verantwortung - Gastfreundschaft: Ethik-Ansätze nach Jacques Derrida*, Freiburg.

POLLACK, M. Galizien (2001). *Eine Reise durch die verschwundene Welt Ostgaliziens und der Bukowina*, Frankfurt am Main.

REGNIER, A. (1997): *Damals in Bolechów. Eine jüdische Odyssee*, München.

RÖSKAU- RYDEL, Isabel (1993): *Kultur an der Peripherie des Habsburger Reiches: die Geschichte des Bildungswesens und der kulturellen Einrichtungen in Lemberg von 1772 bis 1848*, Wiesbaden.

SACHER-MASOCH, Leopold von (1989): *Der Judenraphael*, Wien.

SACHER-MASOCH, Leopold von (2006): *Polnische Revolutionen. Erinnerungen aus Galizien*, Prag.

SACHER-MASOCH, Leopold von (sen.) (1882): *Memoiren eines österreichischen Polizeidirektors*, in: SACHER-MASOCH, Leopold von (Hrsg.) *Auf der Höhe, Internationale Revue*, Leipzig. S. 104, 432.

SERAPHIM, Peter H. (1951): *Das Genossenschaftswesen in Osteuropa*, Neuwied.

SUCHORZEBSKA, Ewelina (2009): *Zur Geschichte der polnischen Militärsprache in der Habsburgermonarchie*. Diplomarbeit, Wien.

TRAUNPAUR, Alphons Heinrich, CHEVALIER d'Ophanie (1787): *Dreißig Briefe über Galizien oder Beobachtungen eines unparteiischen Mannes, der sich mehr als ein paar Monate in diesem Königreiche umgesehen hat*, Wien.

UJVARI, Hedvig (2008): *Vom Provinzblatt bis zur Massenpresse*, in: Kakanien Revisited. 13/03/2008, S. 1-4. Abrufbar unter: http://www.kakanien.ac.at/rez/HUjvari2.pdf [letzter Abruf: 10.10.2011]

WAGNER, Rudolf (1983): *Die Revolutionsjahre 1848/49 im Königreich Galizien-Lodomerien (einschließlich Bukowina): Dokumente aus der österreichischen Zeit*, München.

WOLDAN, Alois (1996): *Der Österreich-Mythos in der polnischen Literatur*, Wien.

WALTRAUD Heindl/SAURER, Edith (2000): *Grenze und Staat: Grenzenloses Österreich*, Wien.

Soziolinguistische Situation im Thorn des 19. Jahrhunderts. Ausgewählte Aspekte

Edyta Grotek (Toruń)

Sytuacja socjolingwistyczna w Toruniu w XIX wieku. Wybrane aspekty.

Niniejszy artykuł przedstawia wybrane aspekty sytuacji socjolingwistycznej Torunia w XIX wieku. Autorka rozpoczyna rozważania od krótkiego przedstawienia sytuacji polityczno – historycznej oraz aspektów demograficznych, następnie przybliża problem języka urzędowego, codziennej komunikacji oraz prasy w omawianym okresie. Ważnym elementem jest omówienie języka wykładowego i języków nauczanych w toruńskich szkołach na różnym poziomie edukacji. W artykule przywoływane są prace toruńskich historyków, oraz doniesienia z omawianych czasopism. Dziewiętnastowieczny Toruń jawi się w świetle przeprowadzonej analizy jako miasto w przeważającej części niemieckojęzyczne, w którym znajomość tego języka była dla jego polskich mieszkańców koniecznością.

Einleitung

Das im Jahre 1233 durch Kreuzritter gegründete Thorn erlebte im Laufe seiner Geschichte mehrere Wendepunkte. Seit jeher lebten hier verschiedene Nationen und Religionen zusammen. So entwickelte sich die Ortschaft als ein Schmelztiegel von Kulturen, Völkern und Sprachen. Aber auch in politischer und administrativer Hinsicht ist die Region von Toruń ein interessantes Land – mal kreuzritterlich, mal deutsch, mal französisch, russisch oder polnisch, mussten die Einwohner der Stadt ihre eigene Identität entwickeln und in der bunten Kulturlandschaft leben lernen.

Auf den Straßen Thorns ließen sich auch immer verschiedene Sprachen hören – die Bewohner dieser Stadt gehörten doch verschiedenen Sprachgemeinschaften an. Es wäre zu erwarten, dass die Thorner entweder in geschlossenen Kreisen lebten, deren Grenzen die gesprochenen Sprachen bildeten, oder mehrsprachig waren, ev. eine gewisse Kommunikationsstrategie entwickelt haben, die es ihnen ermöglichte, sich mit den anderen im Alltag zu verständigen.

In den vorliegenden Erwägungen will ich dieser Problematik nachgehen und die soziolinguistische Situation der Stadt im 19. Jahrhundert ins Zentrum der Studie stellen[1]. Mit der kurzen Analyse versuche ich, ausgewählte Aspek-

---

[1] Wie bekannt, lassen sich konkrete Daten bei derartigen Untersuchungen immer nur als eine Zäsur nennen – sie bilden aber sowohl im gesellschaftlichen als auch im sprachlichen Aspekt des Stadtlebens, das als ein Kontinuum zu betrachten ist, keine richtigen Wendepunkte. Ich lasse sie auch in dieser Studie außer Acht und konzentriere mich ganz allgemein auf das 19. Jahrhundert, obwohl man hier 1793 (Zweite Teilung Polens) und 1914 (Ausbruch des Ersten Weltkrieges) als Grenzdaten, die mit konkreten historischen Ereignissen verbunden sind, nennen könnte.

te der soziolinguistischen Situation in Thorn des 19. Jahrhunderts nahe zu bringen, wie z.B. die Amtssprache, die Sprache des Schulwesens oder der Alltagskommunikation.

1. Historisches/ Politisches

Sowohl die sprachliche als auch die gesellschaftliche und soziale Situation jeder Stadt hängt eng mit dem Historischen und Politischen zusammen. Im Falle Thorns muss ganz klar gesagt werden, dass sich schon seit dem Mittelalter in der Geschichte der Stadt am stärksten deutsche und polnische Elemente verflochten und wesentlich zu dem multikulturellen, multisprachlichen und multinationalen Bild der Stadt beigetragen haben. Andere Akzente, wie russische, litauische oder jüdische, spielten eine geringere Rolle.

In der Zweiten Teilung Polens (1793) fiel Thorn an das Königreich Preußen. Obwohl die Stadtbehörden bei dem König Stanislaus II. August dagegen zu intervenieren versuchten, erfolgte die Machtübernahme durch Preußen blitzschnell. Schon im April des gleichen Jahres nahm *Die zu hiesigen Finanz- und Polizei Einrichtung verordnete Comission* ihre Tätigkeit auf, welche die Finanzangelegenheiten Thorns völlig unter ihre Kontrolle brachte (vgl. Mikulski 2003: 9f.). Gleichzeitig wurden Arbeiten an der endgültigen Behördenordnung in der Stadt aufgenommen. Anstelle der bisherigen Behörden wurde das sog. *Combinierte Magistrat* gegründet. Der preußische Staat beließ bei der Besetzung neuer Behörden diejenigen Stadtväter auf ihren Ämtern, die sich bis jetzt die größten Verdienste um Thorn erworben haben (wie z.B. Samuel Luther Geret und Johann Theodor Elsner), wobei er die höchsten Ämter aber vertrauten Personen von außerhalb der Stadt übergab (z.B. Christian Friedrlich Ledrich aus Gombin – Oberbürgermeister, Christian Friedrich Kannenberg aus Kulm – Kämmerer). Dieses Faktum mag sich auf die sprachliche Situation in Thorn bedeutend ausgewirkt haben, zu den Zuständigkeiten des Magistrats gehörte doch das Berufen von Beamten niedrigerer Grade sowie von Geistlichen, Professoren und Lehrern und die Aufsicht über das Schulwesen. Des Weiteren oblag der Behörde die Herausgabe von Rechtsakten (vgl. ebd.: 11-13).

In seiner Geschichte erlebte Thorn auch eine französische Episode; zu der Zeit der napoleonischen Kriege waren hier französische Heere stationiert, die für die Stadt im Endeffekt eine große Belastung bedeuteten – die Thorner Einwohner hatten die Großarmee und insbesondere die immer wachsende Anzahl an Lazaretten zu unterhalten (vgl. Nieuważny 2003: 42f.). Im Jahre 1808 gelang es Thorn diesen enormen Ballast abzuwerfen. Für die sprachliche Situation hatte diese Zeit aber keine schwerwiegenden Auswirkungen, genauso wie die Zeit der russischen Besatzung (zwischen 1813 und 1815).

Nach einer überwiegend preußisch geprägten Periode (auch während der napoleonischen Kriege hatte die Stadt eine mit Preußen sympathisierende Gewalt) kam ein Abschnitt polnischer Geschichte. 1807 wurde die Stadt ein Teil des Herzogtums Warschau und fiel unter die Präfektur in Bydgoszcz (Bromberg). Kurz danach wurde die Stadt zu einer Munizipalstadt[2] und hatte einen polnischen Bürgermeister – Henryk Wilhelm Stettner (Offizier der polnischen Armee) (vgl. ebd.: 45-48).

Im Jahre 1815 wurde Thorn wieder Preußen angeschlossen; als Gegenleistung musste Preußen Leipzig an Sachsen zurückgeben (vgl. ebd.: 81).

Thorn hatte seit je her einen Festungscharakter. Als Grenzstadt hatte sie eine wesentliche Bedeutung für alle Besatzungsmächte, welche auch versuchten, wichtige Ämter in der Stadt „ihren" Leuten anzuvertrauen und ihre eigene Ordnung einzuführen. Dies war oft mit Migrationswellen der Bevölkerung verbunden.

Wie aus den kurz und grob skizzierten Wechselfällen des Thorner Schicksals im 19. Jahrhundert und um die Wende zu entnehmen ist, muss Thorn eine multinationale, also auch multikulturelle und multisprachliche Stadt gewesen sein. Wie sich diese geschichtlichen Vorfälle auf die sprachliche Situation in deren verschiedenartigen Erscheinungsformen ausgewirkt haben, wird im Folgenden dargelegt.

2. Demographisches

2.1. Allgemeine Angaben

Vor dem Ausbruch des Ersten Weltkrieges machte die deutsche Bevölkerung Thorns über die Hälfte seiner Einwohner aus. Gemäß den Angaben aus dem Jahre 1910 wohnten in Thorn 24 803 Deutsche und 15 722 Polen (vgl. Wojciechowski 1998: 191). Im Laufe des 19. Jahrhunderts variierte aber sowohl die Anzahl der Thorner als auch deren Zusammensetzung (vgl. Grotek 2011, siehe mehr: Wajda 2003). So schlägt Wajda vor, diese Frage getrennt für die Zeit vor 1867 und nach diesem Datum zu erforschen (vgl. Wajda 2003: 93). Nieuważny setzt eine andere zeitliche Zäsur – das Jahr 1807 – und sieht hier zwei Trends - vor dem Jahre 1807 soll die Anzahl der Thorner Einwohner geschrumpft sein, nach der Wiederübernahme der Macht durch Preußen sei dagegen ein rapides Wachstum der Einwohnerzahl zu beobachten, was mit dem Wiederaufbau der Stadt nach den Kriegen verbunden war; aus den anderen preußischen Städten kamen sowohl Handwerker als auch Beamte nach Thorn (vgl. Nieuważny 2003: 61; Wajda 2003: 93). Hubert (1998) betont ebenso den demographischen Wandel zu diesen Zeiten, unter besonde-

---

2 Im ganzen Herzogtum gab es vier Munizipalstädte, die einigermaßen Hoheit genießen konnten.

rer Berücksichtigung der Geburtenrate. Diese war nämlich in Preußen um 2-3 Punkte höher als in ganz Deutschland (vgl. Hubert 1998: 26).

Ein wichtiger, sich auf die demographische Situation auswirkender Faktor war die Choleraepidemie der Zwanziger, welche zum Bevölkerungsrückgang beitrug (im Jahre 1831 sind 482 Personen geboren, 910 verstorben) (vgl. Wajda 2003: 93). *Per saldo* aber ist im 19. Jahrhundert ein Zuwachs der Thorner Bevölkerung zu verzeichnen: Zwischen 1876-1905 von 16 468 bis auf 26 339 (vgl. Wajda 2003: 99).

2.2. Konfessionelle Struktur der Thorner Bevölkerung

„Innerhalb der städtischen *communitas* von Danzig, Elbing oder Thorn lebten zwei Gesellschaftskreise miteinander – ein lutherischer (welcher die Macht in der Stadt ausübte) und ein katholischer (der durch das protestantische Patriziat diskriminiert wurde); beide rivalisierten sehr stark miteinander, obwohl sie irgendwie zu einer alltäglichen, nachbarschaftlichen Koexistenz gezwungen waren" [EG][3] (Maliszewski 1991: 25).

Schon im 18. Jahrhundert lässt sich eine sprachlich-konfessionelle Polarisierung zwischen Polen und Deutschen beobachten. Das Luthertum verstärkte das Gefühl der nationalen Eigentümlichkeit – es war ein „deutscher" Glaube (vgl. Maliszewski 1991: 26).

Diese starke Identifizierung mit dem Bekenntnis bestätigt auch Wajda, indem er insbesondere deren Auswirkung auf die immer größer werdende Distanz zwischen Polen und Deutschen betont (vgl. Wajda 1998: 10).

Die erste Volkszählung im Herzogtum Warschau (1807) ergab für Thorn 5877 Christen und 113 Israeliten (vgl. Nieuważny 2003: 61). „In den Wahlunterlagen aus dem Jahre 1809 ist die Rede von 4477 Protestanten (...), in der Stadt und in den Vorstädten sowie in den Stadtgütern gab es 7482 Katholiken" [EG] (ebd.: 62). Dieser Aspekt der Thorner Demographie des 19. Jahrhunderts ist in Hinsicht auf die gesprochene Sprache und Nationalität umso wichtiger, als sich die nationale Struktur eben mit der konfessionellen und mit der sozialen deckte: „unter wohlhabenden und bedeutenden Thorner Bürgern dominierten deutschsprachige Protestanten, ihnen gehörten auch sämtliche wohltätige Stiftungen; die polnische Bevölkerung gehörte größtenteils zum Proletariat" (ebd.: 62).

Mit der Zeit ist ein Zuwachs der protestantischen Bevölkerung zu beobachten (gemäß der preußischen Volkszählung 1816 gab es in der Stadt 52,1% Katholiken, und 43,4% Protestanten, im Jahre 1822 bewohnten die Stadt 47,5% Katholiken und 49,1% Protestanten). Dieses Wachstum der Anzahl von Protestanten erklärt Wajda einerseits mit der Zuwanderung preußi-

---

3 Sämtliche Zitate aus der polnischsprachigen Literatur übersetzt von Edyta Grotek [EG].

scher Beamten und Handwerker, andererseits aber mit einer größeren Sterberate unter Katholiken, welche die ärmere Bevölkerungsschicht bildeten (vgl. Wajda 2003: 100f.). Unter den reichsten Bewohnern Thorns, deren Jahreseinkommen 300 Mark überschritt, gab es im Jahre 1894 insgesamt 525 Deutsche (davon 472 evangelisch), und nur 34 Polen – aus über 4 Mio. Mark des zu besteuernden Jahreseinkommen fiel knapp 75% auf die deutschen Stadtbewohner (vgl. ebd.: 140; siehe auch: Niedzielska 2003: 288): „Nie obaczysz nikogo pieniężnego w Polszcze okrom Włocha a Niemca" (Opaliński 1953)[4]. Weitere Zahlen bestätigen diese Behauptung: im Jahre 1825 waren unter den berufstätigen Polen 73% Dienstleute, unter den berufstätigen Deutschen machte diese Berufsschicht nur 26% aus (Wajda 1998: 9).

Eine der Konsequenzen dieser materiellen Kluft zwischen den deutsch- und den polnischsprachigen Einwohnern Thorns war ihre geographische Verteilung innerhalb der Stadt – die Deutschsprachigen bewohnten die Alt- und Neustadt, die Katholiken dagegen eher die Vorstädte (vgl. Wajda 2003: 140). Im Jahre 1837 haben die meisten Deutschsprechenden in der Bromberger Vorstadt gewohnt – insgesamt 75,9 % der Bewohner dieses Stadtteils sprachen Deutsch, wobei die meisten Polnischsprechenden (89,3) ihren Wohnsitz in der Alten Jacobs-Vorstadt hatten (vgl. ebd.: 129). Aus Familienerzählungen[5] weiß ich, dass noch vor dem Zweiten Weltkrieg die Mehrheit der Bewohner der Bromberger Vorstadt des Deutschen (aber auch des Polnischen) mächtig war.

Die für das Jahr 1905 gesammelten Daten bestätigen die Aussage von Nieuważny – unter 20 062 Katholiken waren in Thorn zu der Zeit 13 835 polnischsprachig und nur knapp 6000 deutschsprachig. Auf 22 211 Protestanten fielen 22 055, die sich des Deutschen bedienten. Die Anzahl der deutschsprachigen Thorner Bürger bereicherten diese des jüdischen Bekenntnisses – knapp 99 % Juden erklärten, deutschsprachig zu sein (vgl. ebd.: 134; 102; siehe auch: ders. 1998: 43). Sicherlich galt auch für Thorn, was für ganz Westpreußen typisch war: „(...) die einheimischen Juden [betonten] ihren deutschen Patriotismus wie auch ihre Identifizierung mit dem deutschen Staat." [EG] (Wojciechowski 1997: 124). Obwohl einerseits das nachbarschaftliche Nebeneinanderleben beider Nationen und Konfessionen betont wird, muss auch bemerkt werden, dass es hier auch zu Feindseligkeiten kam. Selbst die Geistlichen überredeten die Gläubigen, ihren Dienst bei evangelischen Arbeitgebern aufzugeben – protestantisch bedeutete in Westpreußen fast ausschließlich deutsch (vgl. Wajda 1998: 11).

---

4   In Polen ist keiner mit Geld anzutreffen, außer Italiener und Deutsche.
5   Gewährsperson: Urszula Kowalska, geb. 1926 in Bromberger Vorstadt – hat dort bis 1972 gelebt.

3. Die Amtssprache

Schon seit dem ausgehenden 16. Jahrhundert waren die Stadtbücher Thorns ausschließlich auf Deutsch verfasst (vgl. Poraziński 1996: 65). Bis jetzt befinden sich in dem Thorner Amtsgericht Grundbücher, welche in Fraktur auf Deutsch erstellt wurden, datiert auf das Ende des 19. und die erste Hälfte des 20. Jahrhunderts[6].

Die ersten „Polonisierungsversuche" bezüglich der Thorner Amtssprache sind am Anfang des 19. Jahrhunderts im Zusammenhang mit der Gründung des Herzogtums Warschau zu verzeichnen. Die polnischen Behörden bestanden ausschließlich auf das Polnische in der amtlichen Korrespondenz, die damalige Zusammensetzung der Stadteliten erzwang aber eine andere Lösung, und so wurde ein Kompromiss geschlossen; diejenigen, die des Polnischen nicht mächtig waren, durften den amtlichen Schriftverkehr einige Jahre lang „auf einem in der Mitte zusammengefalteten Papier, auf der einen Hälfte auf Polnisch, auf der anderen auf Deutsch" [EG] erledigen (Nieuważny 2003: 63). Dies war als eine vorläufige Lösung zu sehen, in Wirklichkeit schrieben die Behörden intern auf Polnisch, an die Bürger überwiegend Deutsch. Eine bedeutende Rolle spielte zu dieser Zeit der Stadtübersetzer namens Viebig, der außer der Jahresvergütung (1800 Zloty) noch eine Sonderzulage erhielt (vgl. ebd.). Mit der Zeit aber wurden Schritt für Schritt einsprachige (polnischsprachige) Beamte aus den Behörden entlassen, im Jahre 1849 „wurden polnische Amtsdolmetscher abgeschafft und für zweisprachige Dokumente Sondergebühren zusätzlich zu den Übersetzungskosten eingeführt" (Polenz von 1999: 128). Das Polnische wurde also aus dem öffentlichen Leben konsequent beseitigt, was auch die Chancen der polnischen Bevölkerung auf den sozialen Aufstieg wesentlich einschränkte, so Niedzielska (vgl. Niedzielska 2003: 290). Schon um die Mitte des 19. Jahrhunderts waren sämtliche öffentlichen Bekanntmachungen sowie Amtsblätter des Regierungspräsidiums Bromberg auf Deutsch verfasst (vgl. Polenz von 1999: 128). Das Geschäftssprachengesetz vom Jahre 1876 erklärte das Deutsche für die Sprache aller Behörden, sowohl im schriftlichen als auch im mündlichen Verkehr. „Eingaben in Polnisch konnten als rechtlich nichtexistent behandelt werden" (ebd.: 129).

Ihren Höhepunkt erreichte diese Politik im Jahre 1908 mit dem Verbot, sich auf öffentlichen Versammlungen des Polnischen in diesen Bezirken zu bedienen, in denen die polnische Bevölkerung weniger als 60% ausmachte. Gleichzeitig wurden Verordnungen erlassen, laut denen der Schul- und Religionsunterricht in polnischer Sprache eingeschränkt werden sollte (vgl. Wojciechowski 1997: 127).

---

6 Eigene Untersuchungen in der Grundbuchkammer des Amtsgerichts Thorn.

4. Presse

Eine besondere Rolle spielen bei der Besprechung der soziolinguistischen Situation Zeitungen und Zeitschriften, welche einerseits das Sprachbewusstsein der gegebenen Gemeinschaft widerspiegeln und andererseits dieses prägen. Wenn es um die Anzahl der per Post versandten Zeitungsexemplare geht, stand Thorn unter allen westpreußischen Städten an der 3. Stelle (nach Graudenz und Kulm) - im Jahre 1870 erreichten in dieser Stadt 257 Tsd. Zeitungsexemplare ihre Leser auf dem postalischen Weg (vgl. Niedzielska 2003: 263).

Wie erwartet, waren im 19. Jahrhundert in und um Thorn sowohl deutsch- als auch polnischsprachige Printmedien erhältlich. Kurz besprochen werden hier nicht nur diejenigen Titel, die in Thorn selbst herausgegeben wurden, sondern auch solche, die in der Umgebung von Thorn (Kulm, Kulmsee) gedruckt wurden. Gelegentlich wird auf Ausgaben zurückgegriffen, die Anfang des 20. Jahrhunderts erschienen (wie im Falle der „Presse").

4.1. Polnischsprachige Presse

Am 25. Oktober 1848 erschien in Toruń die erste Nummer der Wochenschrift „Biedaczek, czyli Duży a Tani Tygodnik dla Biednego Ludu", welche von Julian Prejs herausgegeben wurde.

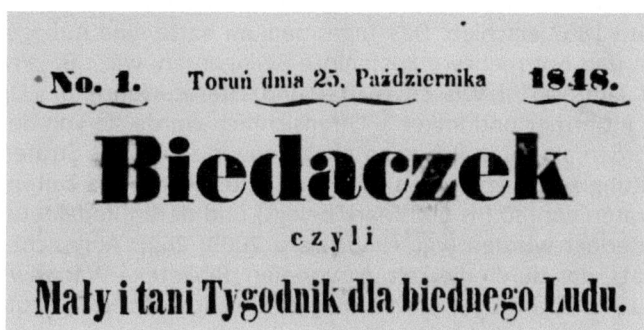

Abb. 1: Die Vignette von „Biedaczek", Quelle: http://informatorium.ksiaznica.torun.pl

Die Zeitschrift richtete sich an Polen, von denen jeder, wie der Herausgeber behauptete, arm sei, „auch, wenn ihm Gold vom Himmel herunterfiele. Polen – Arme sind doch aus Ämtern und Gerichten so gut wie ganz beseitigt worden" [EG] (Nr. 1 vom 25.10.1848: 1). Dieser Beiklang lässt sich in fast jeder Ausgabe der Zeitschrift hören: Die Polen sind arm und müssen auf dem von deutschen Gutsherren regierten Boden leben, wie es z.b. die letzte Nummer vom Jahre 1848 explizit zum Ausdruck bringt: Ab dem nächsten Jahre wird „der Preis [der Zeitschrift - EG] für das arme Volk unter deutschen Herren wesentlich gesenkt" (Nr. 9 vom 27.12.1848: 1). Erwähnenswert ist an der Stelle, dass in „Biedaczek" die Unterscheidung zwischen *Polen* und *Deutschen* so stark betont wird, wobei anderen Quellen zufolge zu der Zeit für Thorner Bewohner die Bezeichnung *Preuße* geläufig war (vgl. Wajda 2003: 93; siehe auch: Grotek 2011: 67).

Im Allgemeinen werden in „Biedaczek" Themen angeschnitten, welche den polnischen Patriotismus zu stärken versuchen. Außer internationalen Ereignissen erfahren wir einiges über die polnische Geschichte („Über West-, also Weichselpommern"[7] (Nr. 9 vom 27.12.1848: 2) sowie über die Anfänge des polnischen Volkes (ebd.: 4) oder über tapfere Taten polnischer Nationalhelden (z.b. „Kurzer Absatz über Heldentaten des Feldhetmans Stefan Czarniecki" - Nr. 15 vom 11 April 1849: 1). Darüber hinaus publizierte die Zeitung polnische Lieder und Rätsel, polnische Redewendungen und deren Etymologie.

Es wird behauptet, dass in der zweiten Hälfte des 19. Jahrhunderts Thorn zum Zentrum des Polentums in Ostpreußen wurde. Eine wichtige Rolle spielten hierbei die polnische Intelligenz und Gutsbesitzer: Teodor Donimirski, Hiacynt Jackowski, Leon Czarliński (vgl. Niedzielska 2003: 290).

Davon zeugen auch die Gründungsdaten der weiteren polnischsprachigen Zeitungen Thorns, z.B. der „Gazeta Toruńska", deren erste Nummer im Jahre 1867 erschien. Das Tagesmedium hatte eine Auflage von 850 Exemplaren und bot mehrere kostenlose Beilagen an, wie z.B. „Przewodnik Naukowy i Literacki" („Wissenschafts- und Literaturführer"), „Ogrodnik i Pszczelarz" („Gärtner und Imker"). Offensichtlich wurde sie von den preußischen Behörden als gefährlich angesehen, wovon zahlreiche Strafen zeugen, die der Zeitung selbst (zwischen 1872 und 1903 wurde die Zeitung 23 Mal mit Geldstrafen von 30 bis 600 Mark belegt) und deren Redakteuren (Haftstrafen) auferlegt wurden (vgl. Niedzielska 2003: 262). Angesichts des folgenden Zitats, das durch die Zeitung von der „Biblioteka Warszawska" vom Dezember 1871 abgedruckt wurde, mag dies nicht wundern: „Heutige Deutsche behaupten, sie würden den Genius aller germanischen Völker und das Recht, über romanische und slawische Nationen zu herrschen, repräsentieren. Diese Überlegenheit soll sich wohl aus ihrer Intelligenz und Moral ergeben, und darüber hinaus aus der Kette historischer Ereignisse, was eine offenbare Schwindelei und Verlogenheit ist, um die wahren Gründe von den an anderen Völkern verübten Gewalttaten zu verbergen...." [EG] (Jahrgang 4, Nr. 89 vom 19.04.1872: 3).

---

7   Weichselpommern – Danziger Pommern, pln. Pomorze Gdańskie oder Pomorze Nadwiślańskie.

Der Chefredakteur von „Gazeta Toruńska", Franciszek Tadeusz Rakowicz, war der erste polnische Buchhändler in Toruń, seine Buchhandlung hatte ihren Sitz in der Żeglarska-Str. 10 und bot zu der Zeit insgesamt 700 polnische Titel an (vgl. Niedzielska 2003: 263).

Seit Dezember 1875 wurde in der Druckerei von Buszczyński die Zeitschrift „Przyjaciel", redigiert von Ignacy Danielewski, aufgelegt. Sie erschien am Anfang einmal, später zweimal wöchentlich, dienstags und freitags, ab 1897 schon dreimal wöchentlich, wie die Mehrheit der polnischen Presse in Westpreußen (vgl. Banach 1990: 187). Die Zeitschrift erschien unter dem Motto: „Gott, meine Kinder, Gott braucht jeder, der seines Brotes satt werden will"[8]. Im Gegenteil zu „Biedaczek" konzentriert sich das Medium auf Aktuelles und greift nur gelegentlich auf Geschichtliches zurück – z.B. auf die Verfassung vom 3. Mai (vgl. Nr. 18 vom 5.5.1891: 1). Jede Nummer fing mit dem Einführungsartikel „Co słychać?" („Was gibt es?) an, aus dem man in einem populären Stil über aktuelle politische Ereignisse erfahren konnte. Es wurde weitläufig sowohl über internationale Angelegenheiten als auch über Geschehnisse aus einzelnen Ländern (aus Frankreich oder Russland, aber auch aus Brasilien – siehe z.B. Nr. 28 vom 8.07.1880: 1) und preußischen Städten (Kulm, Königsberg, Bromberg) berichtet. Man findet dort also sowohl Berichte über Auslandsaufenthalte des russischen Zaren als auch über einen Blitzschlag in Zakrzewko (siehe ebd.: 3). Einen wesentlichen Bestandteil der Zeitschrift bilden Briefe an „Przyjaciel", die jeweils auf den letzten Seiten der Zeitschrift abgedruckt wurden. Sie behandeln verschiedene, für die Leserschaft von „Przyjaciel" interessante Themen, in den meisten davon werden Informationen aus den vorherigen Nummern „Przyjaciel" berichtigt („(...) omylił się korespondent" – z.B. Nr. 1 vom 2.1.1885 :2), in einigen aber konnte man über Abenteuer der „Przyjaciel" - Leser erfahren, die sich unter verschiedenartigen Decknamen (z.B. Kusoprztyński) versteckten (vgl. Banach 1990: 186). Abgedruckt hat „Przyjaciel" auch, wie fast jede Zeitung dieser Periode, Literaturwerke (z.B. „Der Graf von Monte Christo", Nr. 105 vom 31. 12.1895: 2-4 oder „Potop" von Henryk Sienkiewicz, Nr. 11 vom 18.03.1886: 2-4).

Bei dem Vergleich der Artikel in der „Gazeta Toruńska" und „Przyjaciel" fällt auf, dass die beiden Medien ähnliche Themen behandelten. Von den veröffentlichten Literaturwerken (wie z.B. „Krzyżacy" von Sienkiewicz) waren in den Zeitungen auch gleiche Abschnitte abgedruckt (siehe mehr: Banach 1990: 189). Trotz vieler Gemeinsamkeiten behielt „Przyjaciel" seine Autonomie und war die drittgrößte polnische Zeitung (gemessen nach der Auflage jeder Nummer) in Westpreußen (vgl. ebd.: 189; 192).

In der Stadt erschien außer den genannten Zeitungen und Zeitschriften auch polnische Literatur, mit solchen Titeln, wie „Pan Tadeusz" (gedruckt

---

8   „Boga, dzieci, Boga trzeba, kto chce syt być swego chleba!"

von Lambeck), die Mehrheit davon waren populäre Romane und religiöse Bücher. Eine beliebte Gattung, die in der polnischen Sprache auch von deutschen Druckern verlegt wurden, waren Kalender (z.B. „Polski Kalendarz katolicki dla Kochanych Wiarusów w Prusach Zachodnich von Danielewski"), deren Auflage nicht selten 20 Tsd. Exemplare überschritt, und Schulbücher (vgl. Niedzielska 2003: 264)[9].

4.2. Deutschsprachige Presse

Wenn es sich um die deutschsprachige Presse handelt, kann sich Thorn mehrerer Titel rühmen. Seit 1760 erschien in Thorn das „Thorner Wochenblatt", seit dem Anfang des 19. Jahrhunderts unter dem Titel „Thorner Zeitung". Der Titel „Thorner Wochenblatt" mag den Leser in Verwirrung bringen - seit dem Jahre 1845 erschienen in Thorn unter diesem Titel zwei verschiedene Zeitungen – die eine aufgelegt von Lambeck und die andere von Preuß. Der Streit um den Titel wurde sogar vor dem Ober-Tribunal in Berlin ausgetragen, der Verlauf der Auseinandersetzungen wird ausführlich bei Niedzielska beschrieben (vgl. 2003: 256ff.). Die beiden Zeitungen hatten eine ganz andere politische Orientierung: die von Preuß war konservativ und die von Lambeck liberal (vgl. ebd.: 258). Nicht nur der Titel der Zeitungen war gleich, selbst die Vignetten waren einander zum Verwechseln ähnlich:

Die Vignette des Blattes von Lambeck   Die Vignette des Blattes von Preuß

Quelle: http://informatorium.ksiaznica.torun.pl/thorner-wochenblatt

Seit dem Jahre 1834 erschien bei dem Verlag von Dombrowski zweimal wöchentlich das „Kreis-Blatt des Königlich-Preußischen Landrath-Amtes zu Thorn", zwischen den Jahren 1864-1900 unter dem Titel „Thorner Kreis-Blatt: amtliches Publikations-Organ für Stadt und Kreis Thorn", die Auflage des Publikationsorgans betrug 380 Exemplare.

---

9 Mehr dazu, auch zu der Rolle der deutschen Drucker für das polnische kulturelle Leben dieser Zeit siehe bei Woźniczka-Paruzel 1993.

Erwähnenswert sind an der Stelle zwei weitere deutschsprachige Printmedien: die „Thorner Ostdeutsche Zeitung", herausgegeben seit dem Jahre 1873 und politisch verbunden mit der Deutschen Fortschrittpartei, sowie die „Thorner Presse", gegründet im Jahre 1883, ihr Chefredakteur war Leue und sie hatte eine Auflage von 425 Exemplaren (vgl. Niedzielska 2003: 262).

Die „Thorner Ostdeutsche Zeitung" erschien sechsmal wöchentlich und berichtete vor allem über aktuelle politische Ereignisse. Am Anfang sind Mitteilungen aus Deutschland und anderen Ländern (Frankreich, Österreich-Ungarn, Russland) zu finden, weitere Sparten waren: „Provinzielles", wo Berichte aus der Gegend zu lesen waren („Bischofswerder, 1. Ost. Wie man hört, hat Cholera in unserer Gegend – einige vereinzelte Fälle ausgenommen – aufgehört zu grassieren und unser Städtchen ist bis heute ganz von ihr verschont geblieben." Nr. 3 vom 3. 10.1873: 3) und „Locales" - diese Sparte enthielt z.b. Informationen zu den Sitzungen verschiedener Vereine, z.b. des Copernicus-Vereins (Nr. 10 vom 11.10.1873: 3) und des Handwerkvereins (Nr. 59 vom 7.12.1873). Berichtet wurde ebenso über wichtige Geschehnisse aus dem Handels- und Verkehrsleben, die in Form eines „Telegraphischen Marktberichtes" erschienen und in einigen Ausgaben (z.B. Nr. 61 vom 10.12.1873) um detaillierte Reporte von wichtigen wirtschaftlichen Veranstaltungen (hier: Danziger Getreidebörse) angereichert waren. In jeder Nummer werden Sondernachrichten für passierende Schiffe angegeben, welche den Wasserstand auf der Weichsel und den Wetterbericht enthalten. Die Sonntagsausgaben verfügten darüber hinaus über eigene Beilagen (in der Beilage zu der Nr. 29 vom 2.11.1873 – ein ausführlicher Bericht über den Besuch des Kaisers in Wien) und Extrablätter (zu der gleichen Nummer: Bericht über eine Versammlung der Wahlmänner).

Ein wichtiger Bestandteil der Zeitung waren Novellen („Der Herr Präsident" von Karl Wartenburg, „Die Ruine von Schwetz" von Therese Ramlau).

„Die Presse. Ostmärkische Tageszeitung. Anzeiger für Stadt und Land" (Untertitel: „Thorner Presse") erschien täglich abends, außer an Sonn- und Feiertagen, und bestand aus mehreren Teilen, die „Zweites" bzw. „Drittes Blatt" hießen. Der Einführungsartikel behandelte jeweils ein wichtiges politisches Ereignis (wie z.B. „Die Zwei-Kaiser Zusammenkunft", Nr. 156 vom 6.07.1912), weiter kam die politische Tagesschau und eine getrennte Sparte, in der Nachrichten aus Deutschland (dem Deutschen Reich) veröffentlicht waren. Es durfte auch nicht an Literatur fehlen – wie die im Vorigen besprochenen Zeitungen druckte „Die Presse" ebenso Novellen und Romane ab. Wichtige Bestandteile waren Nachrichten aus folgenden Lebensbereichen: Verkehr (z.B. auf der Weichsel), Wirtschaft (Berichte von der Berliner Börse), Kunst und Kultur sowie Informationen zum Thema Haus und Küche.

Wie aus dem Obigen ersichtlich, befriedigten die in Thorn des 19. Jahrhunderts herausgegebenen Zeitungen die Bedürfnisse sowohl der deutschals auch der polnischsprachigen Stadtbewohner. Sowohl von der Thematik als auch von der politischen Orientierung her wurden auch die Interessen sämtlicher Gruppen gedeckt.

Die deutsch- und polnischsprachige Presse vergleichend, muss hier festgestellt werden, dass die polnischsprachigen Zeitungen stärker politisch engagiert waren. Die hier stichprobenweise durchgeführte Analyse einiger Ausgaben der deutschen und der polnischen Presse lässt behaupten, dass sich die polnischen Zeitungen auch als Organe der patriotischen Bildung sahen, wobei sich die deutschen eher auf die Darlegung der aktuellen politischen Situation beschränkten. Selbst die zum Abdruck gewählten Literaturwerke (in der polnischen Presse z.B. „Krzyżacy" oder „Potop") untermauern diese Behauptung. Die preußische Besatzungsmacht erkannte dies wohl. Die Presseverordnung aus dem Jahre 1850 richtete sich vor allem gegen die politische Presse, zu der automatisch polnische Zeitungen und Zeitschriften gezählt wurden (siehe oben, vgl. auch Woźniczka-Paruzel 1993: 27).

5. Schulwesen

In Thorn des 19. Jahrhunderts bestanden mehrere Schulen – sowohl private als auch öffentliche. Das Schulangebot umfasste mehrere Stufen der Ausbildung, die Lehranstalten waren in Mädchen- und Jungenschulen geteilt. Trotzdem war das Angebot nicht ausreichend – um das Jahr 1820 konnten ca. 900 Kinder wegen des Mangels an Schulen keinen Unterricht besuchen (vgl. Niedzielska 2003: 265).

Im Zusammenhang mit dem Thema des Beitrags wird die Problematik des Thorner Schulwesens im 19. Jahrhundert ausschließlich in Bezug auf die gelernten, bzw. Unterrichtssprachen dargelegt.

Als erste Stufe galten elementare Schulen, als zweite Mittelschulen. Eine reiche Tradition hatte in Toruń das Evangelische Gymnasium (*Schola Toruniensis*), gegründet im Jahre 1568.

In der altstädtischen elementaren Schule (erste Stufe der Ausbildung) umfasste der Unterricht 24 bzw. 25 Stunden pro Woche. In den ersten Schuljahren waren je sechs Stunden für Deutsch und Polnisch reserviert – in den beiden Sprachen unterrichtete man Lesen und Silbentrennung. In den höheren Schuljahren waren nur je 3 Stunden für jede der Sprachen bestimmt.

Die Änderung der Einstellung der Behörden zu der polnischen Sprache, die in den vierziger Jahren des hier besprochenen Jahrhunderts zu verzeichnen ist, wirkte sich selbstverständlich auch auf die Situation der Schulen aus. In einem der Kontrollberichte befürwortete man die Einführung des Deutschen als Unterrichtssprache, auch im Religionsunterricht.

Der Zustand der Thorner Schulen war zu der damaligen Zeit sehr schwach. Es wurden zahlreiche Reformvorschläge diskutiert, in denen zwangsweise auch das Thema des Polnischunterrichts eine nicht zu unterschätzende Rolle spielte. Im Jahre 1855 entstanden zwei wichtige Schriften zu den Thorner Schulen und deren Curricula, in der einen, von Prof. Müller, wurde Polnisch als fakultatives Fach vorgeschlagen, in der anderen plädierte der Autor Prowe für Polnisch als Pflichtfach in einer neuen, aus der neu- und altstädtischen Lehranstalt zu gründenden Schule. Die Argumente, die er anführte, waren wirtschaftlicher Natur – für den Mittelstand seien Kenntnisse des Polnischen unentbehrlich, vor allem wegen der wirtschaftlichen Kontakte mit dem Land und mit Kongresspolen.

In dem Gymnasium war die Unterrichtssprache Deutsch und nur einzelne Professoren des Gymnasiums waren des Polnischen mächtig. Polnisch wurde zwar unterrichtet, aber nur bis zum Tode von Walery Dziembiński. Erfolglos blieben spätere Versuche, den Polnischunterricht wiederherzustellen. Die Argumente, welche in dem Schreiben an das Magistrat angeführt waren, sind dieselben, welcher sich Prowe bediente.

Der Staat hat aber den Polnischunterricht in ganz Westpreußen, also auch in Thorn, nicht gefördert, was schon auf der Ebene der Personalauswahl zu beobachten ist - die Kandidaten beider Nationen für das Lehreramt wurden nicht gleich behandelt. In ganz Westpreußen mussten die polnischen Lehrer zweisprachig sein, die Deutschen dagegen – nicht (vgl. Polenz von 1999: 128).

Im Jahre 1884 hat einer der Schüler des Gymnasiums den Philomatenkreis gegründet, schon im 20. Jh. entstand in der Schule die Gesellschaft „Vereinter Jugendkreis Polonia", die Vorlesungen zu der Geschichte und Literatur Polens organisierte. Solch ein Kreis entstand noch im 19. Jahrhundert in den Gymnasien in Kulm und Konitz (vgl. Woźniczka-Paruzel 1993: 18).

Mit der Verordnung vom Jahre 1872 wurde Deutsch als Unterrichtssprache eingeführt, fünfzehn Jahre später - das Polnische aus den Schulen auch als Unterrichtsfach beseitigt (vgl. Niedzielska 2003: 267-282).

6. Alltagskommunikation

Zu der Alltagskommunikation der Thorner Bewohner im 19. Jahrhundert ist es schwer, verbindliche und vertrauenswürdige Angaben zu machen. Diese wären ausschließlich aufgrund einer Befragung einer repräsentativen Gruppe an Gewährsleuten zu machen, was selbstverständlich nicht mehr möglich ist. Anhand der vorliegenden Literatur lassen sich trotzdem einige Aussagen machen, die sich aus den eher impliziten Informationen, die sowohl den Zeitungen und Zeitschriften als auch der sekundären Literatur zu entnehmen sind, ableiten lassen. Die Alltagskommunikation ist ebenso wenig klar und eindeutig von der Thematik der Amtssprache und der Sprachpolitik zu trennen. Sicher standen die beiden Aspekte in einer engen Verbindung miteinander.

Aus dem oben Gesagten geht hervor, dass das Polnische im 19. Jahrhundert unterdrückt war – die Sprache wurde sowohl aus den Ämtern als auch aus den Schulen, selbst als Unterrichtsfach, beseitigt.

Von Polenz (1999) betont zwei Phasen der Germanisierung von Westpreußen, was auch auf Thorn zutrifft – die erste wäre eine ungezwungene, wirtschaftlich bedingte Germanisierung, was bei den Reformen des Schulwesens auch besprochen wurde. Die zweite dagegen, die ca. 1830 ansetzte, ist eine harte antipolnische Sprachenpolitik, die am Anfang eher sehr beschränkte Bedeutung und Einfluss auf die Unterschichten der Bevölkerung gehabt hatte (vgl. Polenz von 1999: 127f.). Im Laufe des 19. Jahrhunderts muss sich das wohl auch auf die Thorner Ottonormalverbraucher und deren Leben ausgewirkt haben – bei den Kontakten mit allen Behörden war doch Deutsch die Verkehrssprache.

Woźniczka-Paruzel (1993) unterscheidet ebenso diese zwei Etappen – bis zum Jahre 1830 und danach. Die erste Periode sei durch eine langsame Germanisierung charakterisiert, die hauptsächlich durch die preußische Siedlungsaktion verursacht war. Nach Westpreußen kamen preußische, deutschsprachige Beamte, aber auch Handwerker, viele Polen veräußerten ihre Güter und zogen in noch freie Teile Polens um. So wurde die polnische Bevölkerung der Elite entzogen, welche zur Herausbildung patriotischer Gefühle beitragen konnte. Sämtliche „nationalen" Tätigkeiten der polnischen Bevölkerung konzentrierten sich auf die Aufrechterhaltung des Polnischen in den Schulen (vgl. Woźniczka-Paruzel 1993: 11f.). Der Novemberaufstand (1830), der als Anfang der zweiten Etappe der Germanisierung in Westpreußen anzusehen ist, brachte romantische Poesie mit sich nach Preußen – den Träger des Nationalgeistes. Darin sieht Woźniczka - Paruzel die Ursache einer Belebung der polnischen patriotischen Bewegung (vgl. ebd.: 17).

Obwohl die oben aufgeführten demographischen Zahlenangaben nur über wenige[10] Auskunft geben, die beider Sprachen mächtig waren, muss hier angenommen werden, dass die Berufstätigen in Thorn doch sowohl Deutsch als auch Polnisch sprachen und zwar in einem Grade, der eine Alltags- und Berufskommunikation ermöglichte: „Nach der 3. Teilung Polens war Preußen im Besitz von Schlesien, Danzig, Thorn, Posen, Warschau und Białystok – es war ein zweisprachiger Staat, polnisch-preußisch" (Salmonowicz 1993: 104). Gemeint sind hier wohl nicht nur einzelne Städte, sondern auch bilinguale Personen, denn „die Beherrschung der deutschen und der polnischen Sprache als Kommunikationsmittel war für beide Bevölkerungsteile nicht nur wünschenswert, sie war lebensnotwendig", so Jaworska (1986: 74).

Aufgrund der oben durchgeführten Analyse tendiere ich eher zu der Annahme, dass sich die in Thorn wohnhaften Polen eben wegen der Lebens-

---

10 Ca. 350 im Jahre 1905 (vgl. Wajda 2003: 134).

notwendigkeit auch das Deutsche aneignen mussten, um in der Stadt Geschäfte machen, aber auch irgendeinen Beruf ausüben zu können. Den bei der Demographie angeführten Statistiken ist zu entnehmen, dass die Thorner Unterschichten größtenteils aus der polnischen Bevölkerung bestanden. Dies waren u.a. Dienst- und Gefolgsleute, wobei die Deutschen die Oberschicht – also die Bedienten – waren. So mussten die Dienstknaben und -mägde mindestens dermaßen Deutsch beherrscht haben, dass sie die Befehle ihrer Brotgeber zu verstehen wussten. Ob sich die deutschsprachige Bevölkerung des Polnischen bediente, und wenn ja – in welchem Grade, ist eher unklar. Aber selbst die Tatsache, dass die deutschen Gymnasiallehrer dieser Sprache – mit Ausnahmen – nicht mächtig waren, berechtigt uns zu behaupten, es habe keine sprachliche Gleichberechtigung gegeben. Für die Thorner Polen war es wichtig, sowohl die eine als auch die andere Sprache zu sprechen, die deutschen Thorner konnten ohne das Polnische problemlos auskommen.

Zumindest am Anfang des 19. Jahrhunderts, in der ersten Phase der Germanisierung also, konnte man sehr gut zwischen der Politik der preußischen Besatzungsmacht (zumal diese zu der Zeit noch nicht so stark antipolnisch war) und der Kultur und Wissenschaft unterscheiden. Die höheren, gebildeten Schichten der polnischen Bevölkerung sprachen sehr gut Deutsch, man las Literatur- und philosophische Werke im Original oder als Übersetzung, immer mehr polnische Bürger studierten an den deutschen Universitäten (vgl. Salmonowicz 1993: 89). Im 19. Jahrhundert galt das Deutsche als eine internationale Wissenschaftssprache, die Hälfte aller wissenschaftlichen Publikationen wurde auf Deutsch geschrieben (vgl. Ammon 2022: 140). Deutschland war zu der Zeit eine Wissenschaftsmacht – damit lässt sich auch der riesengroße Einfluss erklären, welchen die deutsche Philosophie, Literatur und Historiographie auf das polnische Wissenschafts- und Kulturleben ausübte (vgl. Salmonowicz 1993: 89). Diese Faszination hatte weitreichende Folgen auch für die Alltagskommunikation der Polen. Am Anfang des 19. Jahrhunderts „(...) lässt sich (...) eine ziemlich schnelle Assimilation der polnischen, aus höheren Schichten stammenden Jugend beobachten. Sowohl die deutsche Wissenschaft als auch Philosophie faszinierten. Die Jugendlichen haben sich des Deutschen auch in gesellschaftlichen Kontakten bedient und sogar, wie Ignacy Łyskowski, Briefe an die Eltern auf Deutsch verfasst" [EG] (Wierzchosławski 1995: 64).

Die zweite Hälfte des 19. und der Anfang des 20. Jahrhunderts charakterisieren sich durch zwei entgegengesetzte Strömungen. Einerseits die beschriebene Schärfung der Sprachpolitik gegen das Polnische, andererseits die Bestrebung der polnischen Unterschicht, ihre Sprache sprechen zu dürfen. Dies durfte sie aber immer seltener: Die Thorner Lebkuchenfabrik (Firma Weese) hat im Jahre 1903 ihren Arbeitnehmern verboten, auf dem Gelände des Betriebs Polnisch zu sprechen, auch bei Privatgesprächen (vgl. Wajda 1998: 15). Die immer schärfere antipolnische Politik der preußischen Behörden hatte jedoch völlig andere Folgen als beabsichtigt. Die Kluft zwischen den beiden Völkern wurde immer tiefer und es konnte ein Widerwille gegen das Deutschsprechen beobachtet werden. Im Jahre 1897 erkennen die Behörden, dass immer häufiger Polnisch gesprochen wird (Angaben für den Danziger Kreis und die Gemeinde Ciechocin). 1896 deklarierte die Mehrheit der Bevölkerung, sich des Deutschen zu bedienen, ein Jahr später sind auf den Straßen fast ausschließlich polnische Grußworte zu hören, mehr noch – auch auf den Ämtern wollten die Einwohner häufiger Polnisch sprechen und gaben an, nur dieser Sprache mächtig zu sein (vgl. Wajda 1998: 15f.).

7. Fazit

Die Annahme, Thorn wäre in der untersuchten Periode eine multikulturelle und multisprachliche Stadt gewesen, muss aufgrund des Gesagten verifiziert werden. Aus der im Obigen durchgeführten Analyse entsteht ein Bild vom Thorn des 19. Jahrhunderts als einer überwiegend deutschsprachigen Stadt. Obwohl knapp die Hälfte der Bevölkerung polnisch war, war das Deutsche die erste Sprache, deren Beherrschen den Thorner Polen sowohl den Alltag vereinfachte als auch einen sozialen Aufstieg ermöglichte. Die Unterrichtssprache in den Schulen auf allen Ebenen war Deutsch, das Polnische, obwohl dessen Kenntnisse durch einige Kreise in wirtschaftlicher Hinsicht als notwendig anerkannt war, wurde aus den Lehranstalten allmählich beseitigt. Auch auf den Ämtern musste Deutsch gesprochen werden – die Thorner Bewohner konnten, zumindest am Anfang des 19. Jahrhunderts, die Dienste des Stadtübersetzers in Anspruch nehmen. So war einem des Deutschen nicht mächtigen Polen die Chance entzogen, den Schulunterricht zu besuchen, in der zweiten Hälfte des hier besprochenen Jahrhunderts war es ihm auch nicht möglich, am öffentlichen Leben teilzunehmen, selbst vor Gericht konnte er sich nicht behaupten.

In der zweiten Hälfte des 19. Jahrhunderts ist eine Intensivierung der polnischen nationalen Bewegung zu beobachten – auf diese Zeit wird die Gründung der meisten polnischen Thorner Zeitungen datiert, die durch die preußische Besatzungsmacht als politisch angesehen waren. Die in der polnischsprachigen Presse Thorns angesprochenen Themen bestätigen diese Annahmen völlig.

Der vorliegende Beitrag erhebt keinerlei Anspruch auf Vollständigkeit und ist lediglich als Skizze zu verstehen, welche einen groben Einblick in die soziolinguistische Situation im Thorn des 19. Jahrhunderts sowie in die bedeutendsten, sich auf sie auswirkenden außersprachlichen Faktoren gewährt. Die wichtigsten Aspekte wurden nur angesprochen. Diese Studie soll die Richtung meiner weiteren Forschung vorzeichnen – in jedem der hier angedeuteten Bereiche will ich tiefer ins Detail gehen, wovon weitere Beiträge zu erhoffen sind.

Literaturverzeichnis:

AMMON, Ulrich: *Deutsch unter Druck von Englisch in Wissenschaft und Politik*, in: HOBERG von, Rudolf (Hrsg.): *Deutsch – Englisch – Europäisch*, Mannheim / Leipzig/Wien/Zürich, S. 139-151.

BANACH, Jacek (1990): *Toruński „Przyjaciel" zapomniana gazeta z okresu zaboru (1876-1917)*, in: Rocznik Toruński, Nr. 19, S. 179-202.

BANACH, Jacek (1991): *Obraz niemieckiej polityki wobec Polaków na łamach polskiej prasy pomorskiej 1900-1914*, in: WAJDA, Kazimierz (Hrsg.): *Polacy i Niemcy. Z badań nad kształtowaniem hetero stereotypów etnicznych*, Toruń, S. 87-117.

CHAMOT, Marek (1998): *Stereotypy etniczne w polskiej prasie pomorskiej na przełomie XIX i XX wieku*, in: WOJCIECHOWSKI, Mieczysław: *Stosunki narodowościowe i wyznaniowe na Pomorzu w XIX i XX wieku*, Toruń, S. 39-49.

GROTEK, Edyta (2011): *Der deutsche Genius im Spiegel seiner Sprache – das Selbstbild der in Thorn des 19. Jahrhunderts wohnhaften Deutschen. Versuch einer Analyse anhand „Die Deutschen" von Bogumil Goltz*, in: GROTEK, Edyta/ JUST, Anna (Hrsg.): *Im deutsch-polnischen Spiegel. Sprachliche Nachbarschaftsbilder*, Frankfurt am Main, S. 67-80.

HUBERT, Michel (1998): *Deutschland im Wandel. Geschichte der deutschen Bevölkerung seit 1815*, Stuttgart.

JAWORSKA, Weronika (1986): *Der Thorner Schriftsteller Bogumil Goltz im Spiegel seiner Lebenserinnerungen*, Toruń.

MALISZEWSKI, Kazimierz (1991): *Kształtowanie się stereotypu Niemca i obrazu krajów niemieckich w potocznej świadomości sarmackiej od XVI do połowy XVIII w. (Próba rekonesansu)*, in: WAJDA, Kazimierz (Hrsg.): *Polacy i Niemcy. Z badań nad kształtowaniem heterostereotypów etnicznych*, Toruń, S. 7-44.

MIKULSKI, Krzysztof (2003): *Początki zaboru pruskiego (1793-1806)*, in: BISKUP Marian (Hrsg.): *Historia Torunia. W czasach zaboru pruskiego (1793-1920)*, Toruń, S. 9-39.

NIEDZIELSKA Magdalena (2003): *Życie polityczne i kulturalne Torunia (1815-1914)*, in: BISKUP, Marian (Hrsg.): *Historia Torunia. W czasach zaboru pruskiego (1793-1920)*, Toruń, S. 220-382.

NIEUWAŻNY Andrzej (2003): *Toruń w dobie wojen napoleońskich i Księstwa Warszawskiego*, in: BISKUP, Marian (Hrsg.): *Historia Torunia. W czasach zaboru pruskiego (1793-1920)*, Toruń, S. 40-79.

OPALIŃSKI, Krzysztof (1953): *Satyry*, bearbeitet von L. Eustachewicz, Wrocław.

POLENZ von, Peter (1999): *Deutsche Sprachgeschichte vom Spätmittelalter bis zur Gegenwart*, Bd. 3: *19. und 20. Jahrhundert*, Berlin/New York.

PORAZIŃSKI, Jarosław (1996): *Niemcy i Polacy. Stosunki w małych pruskich miasteczkach w XVI-XVIII wieku*, in: WOJCIECHOWSKI, Mieczysław/SCHATTKOWSKY, Ralf: *Regiony pograniczne Europy Środkowo – Wschodniej w XVI-XX wieku. Społeczeństwo – gospodarka – polityka*, Toruń, S. 63-71.

SALMONOWICZ, Stanisław (1993): *Polacy i Niemcy wobec siebie. Postawy – opinie – stereotypy (1697-1815). Próba zarysu*, Olsztyn.

WAJDA Kazimierz (2003): *Ludność Torunia (1815-1914)*, in: BISKUP, Marian (Hrsg): *Historia Torunia. W czasach zaboru pruskiego (1793-1920)*, Toruń, S. 92-140.

WAJDA, Kazimierz (1991): *Polski obraz Niemców i niemiecki obraz Polaków w publicystyce obu krajów w latach 1871-1914*, in: WAJDA, Kazimierz (Hrsg.): *Polacy i Niemcy. Z badań nad kształtowaniem heterostereotypów etnicznych*, Toruń, S. 45-86.

WAJDA, Kazimierz (1998): *Polacy i Niemcy w Prusach Zachodnich w XIX i początkach XX wieku*, in: WOJCIECHOWSKI, Mieczysław (Hrsg.): *Stosunki narodowościowe i wyznaniowe na Pomorzu a XIX i XX wieku*, Toruń, S. 7-22.

WAJDA, Kazimierz (1998): *Żydzi w rejonie południowego pobrzeża Bałtyku na przełomie XIX i XX wieku. Liczebność i skład zawodowy*, in: NOWAK, Zenon Hubert (Hrsg.): *Studia i szkice z dziejów Żydów w regionie Bałtyku*, Toruń, S. 39-55.

WIERZCHOSŁAWSKI, Szczepan (1995): *Społeczeństwo Prus Zachodnich wobec administracji pruskiej (1815-1914)*, in: Wierzchosławski, Szczepan (Hrsg.): *Toruń i Pomorze pod władzą pruską*, Toruń, S. 63-76.

WOJCIECHOWSKI, Mieczysław (1993): *Mniejszość niemiecka w Toruniu w latach 1920-1939*, in: WOJCIECHOWSKI, Mieczysław (Hrsg.): *Mniejszości narodowe i wyznaniowe w Toruniu w XIX i XX wieku*, Toruń, S. 59-80.

WOJCIECHOWSKI, Mieczysław (1997): *Deutsche, Polen und Juden in Westpreußen in den Jahren 1877-1920*, in: *Beiträge zur Geschichte Westpreußens. Zeitschrift für Copernicus-Vereinigung zur Pflege der Heimatkunde und Geschichte Westpreußen e.V.*, Nr. 15, S. 121-137.

WOJCIECHOWSKI, Mieczysław (1998): *Niemcy w społeczności miejskiej Torunia w okresie międzywojennym (1920-2939)*, in: NIETYKSZA, Maria (Hrsg.): *Studia nad dziejami miast i mieszczaństwa. Studia Polonica Historiae Urbanae*, Bd. 3, Toruń, S. 191-208.

WOŹNICZKA – PARUZEL, Bronisława (1993): *Polski ruch wydawniczy w Prusach ZAchodnich 1848 – 1914. Próba syntezy*, Toruń.

Zeitungen und Zeitschriften:

„BIEDACZEK, czyli Duży i Tani Tygodnik dla Biednego Ludu" abrufbar unter: kpbc.umk.pl, [letzter Abruf am 12.10.2011]
„DIE PRESSE. OSTMÄRKISCHE TAGESZEITUNG. ANZEIGER FÜR STADT UND LAND" (Untertitel: „Thorner Presse")
GT – „GAZETA TORUŃSKA", abrufbar unter: kpbc.umk.pl, [letzter Abruf am 12.11.2011]
„PRZYJACIEL" abrufbar unter: kpbc.umk.pl, [letzter Abruf am 07.11.2011]
„THORNER OSTDEUTSCHE ZEITUNG"
„THORNER WOCHENBLATT"

Internetquellen:
http://informatorium.ksiaznica.torun.pl

Aus der Korrespondenz schlesischer Piastinnen im 16. Jahrhundert

Anna Just (Warszawa)

Z korespondencji piastowskich księżniczek Śląska w XVI wieku

Artykuł z zakresu socjolingwistyki historycznej zajmuje się językową analizą wybranych fragmentów korespondencji piastowskich księżniczek Śląska w XVI wieku. Autorka wpisuje się nim także częściowo w nurt lingwistyki płci, badając wpływ księżniczek piastowskich na życie publiczne i polityczne Śląska tamtego okresu. Szczegółowa analiza skupia się na socjolekcie, udokumentowanym w badanej korespondencji i nakreśla odbijające się w niej wzajemne wpływy obu języków – niemieckiego i polskiego.

1. Briefsammlung Schreiben und Reſcripte von Frauen und Princeſſinnen aus dem Liegnitz(er) Fürsten Hause (1546-1678)

Als mich vor einer Zeit Prof. Ilpo Tapani Piirainen auf eine im Liegnitzer Staatsarchiv aufbewahrte, nur wenigen Eingeweihten bekannte und somit bisher kaum erforschte Sammlung von Briefen aus den Jahren 1546-1678, deren Absenderinnen adelige Frauen aus dem Liegnitzer Fürstenhaus waren, aufmerksam gemacht hatte, war meine Neugier auf deren Inhalte sowie sprachliche Gestaltung sofort geweckt. Es handelte sich nämlich um deutschsprachige Briefe aus der Frühen Neuzeit, die weibliches Sprach- und Schreibverhalten sowie die briefschreiberischen Fähigkeiten ihrer Absenderinnen dokumentieren und zudem als Denkmäler der deutschen Sprache in Schlesien gelten können. Darüber hinaus gehörten sie in einen Kommunikationsbereich – hier als das im niederschlesischen Flachland gelegene Herzogtum Liegnitz mit der Hauptstadt Liegnitz verstanden –, den es heute, weder unter sozialem noch geopolitischem Aspekt, in der damaligen Form nicht mehr gibt. Die Eckdaten dieser Briefsammlung, als da sind: Frühe Neuzeit, Kommunikationsform Brief, weibliches Schreibverhalten, Deutsch bzw. Schlesisch und das Fürstentum Liegnitz, lagen vor wie im reziproken Verhältnis zueinander stehende Bestandteile einer Einheit. Auf den ersten Blick schienen die Briefe zunächst einmal nichts Außergewöhnliches zu verraten, ohne dabei etwa ihre Bedeutung als linguistischer oder historischer Forschungsgegenstand in Frage zu stellen. Sie sind letztlich als alltägliches Gebrauchsschrifttum zu betrachten, das sich in der Frühen Neuzeit – durch die seit dem ausgehenden Mittelalter zu beobachtende kontinuierlich ansteigende Verschriftlichung des Lebens und die allgemein wachsende Schreibfähigkeit bedingt und begünstigt – rasch entwickelte. Dass sie trotz der heutigen Zugehörigkeit ihres Kommunikationsbereiches zu Polen auf Deutsch abgefasst waren, ist auch durchaus verständlich: Das Fürstentum Liegnitz, das in den Jahren 1248 bis 1675 bestand, lag im ursprünglich von Slawen bewohnten niederschlesischen Gebiet. Seit dem 12./13. Jahrhundert wurde Schlesien im Zuge der Ostkolonisation von deutschen Zuwanderern besiedelt. Mit der deutschen ethnischen Expansion in polnische bzw. slawische Gebiete ging selbstverständlich auch eine deutsche sprachliche Expansion einher – ein Prozess, der einen neuen ostmitteldeutschen Dialekt hervorgebracht hat, und zwar das Schlesische, das mehrere Jahrhunderte hindurch[1] als eine, je nach städtischen oder ländlichen Gebieten, mehr oder weniger dominierende Verkehrssprache (neben dem Polnischen[2]) fungierte.

Eine erste vorläufige Zwischenbilanz lag vor: *Briefe* als Mittel und Medium der Kommunikation zwischen räumlich Entfernten sind in der Kulturgeschichte der Frühen Neuzeit bereits fest etabliert. „Meine" Liegnitzer Briefe fügen sich folglich in die Entwicklung der zeittypischen Kommunikationsformen ein. Der Gebrauch von Deutsch statt Latein als Sprache der Liegnitzer Briefe ist wiederum dem Umstand geschuldet, dass in der Frühen Neuzeit in der schriftlichen Kommunikation, sei es im privaten wie im öffentlichen Verkehr, vermehrt die Volkssprache bzw. Verkehrssprache verwendet wurde. Im Fürstentum Liegnitz war gerade Deutsch die Sprache des Alltags und der städtischen Kanzlei.

Unter den Aspekten der Liegnitzer Briefsammlung ist jedoch eines von besonderer Bedeutung, nämlich das *weibliche Schreibverhalten*, denn was heute eine Selbstverständlichkeit ist, war damals noch nicht Usus: In der Frühen Neuzeit wurden nämlich schreiberische Fähigkeiten in erster Linie Männern zugesprochen, Frauen dagegen wurden diese im Allgemeinen nicht zuerkannt. Wegen der unterschiedlichen Aufgabenverteilung zwischen den Geschlechtern erhielten Frauen in der Regel eine bescheidene Ausbildung. Lediglich Grundkenntnisse des Schreibens und Rechnens sollten ihnen im Großen und Ganzen beigebracht werden. (vgl. Wiesinger 2004: 305; 2005: 354f.) So schien die Liegnitzer Sammlung der allgemein verbreiteten These von der mangelnden bzw. unzulänglichen Ausbildung der Frauen zu widersprechen, zumal das Briefeschreiben nicht nur schreiberische, sondern auch briefschreiberische Fähigkeiten voraussetzt und das Briefeschreiben in der Frühen Neuzeit zudem recht strengen Konventionen bezüglich der sprachlichen Gestaltung und des Aufbaus unterlag. Berücksichtigt man darüber hinaus die Tatsache, dass alle Liegnitzer Briefe an den Bürgermeister und/oder den Rat der Stadt Liegnitz gerichtet sind, scheint eine weitere These wider-

---

1 Als das Ende des 2. Weltkrieges die Aussiedlung der deutschen Bewohner Schlesiens mit sich brachte, hörte das Schlesische auf als eine Verkehrssprache zu existieren und gilt seitdem als ein nahezu ausgestorbener deutscher Dialekt.
2 Auch in den Schnittzonen, wo deutsche und polnische Einwohner aufeinander trafen, war der Anteil der polnischen Bevölkerung – entgegen der allgemein üblichen Meinung – immer stark vertreten. (vgl. Rombowski 1960: S.22ff., Kowalska 1986: 7ff.)

legt zu sein, nämlich die von der in der Frühen Neuzeit ausbleibenden bzw. geringen Präsenz der Frauen im politischen und öffentlichen Leben, was auch aus der unterschiedlichen Aufgabenverteilung zwischen den Geschlechtern resultieren sollte. Während die adeligen Männer den Dienst in Verwaltung, Heer oder Diplomatie aufnahmen, hatten die Frauen in erster Linie für Kinder und deren Erziehung zu sorgen sowie Haus und Güter zu verwalten. Falls sie unverheiratet blieben, gingen sie zu Verwandten oder ins Kloster. (Wiesinger 2004; 2005) Das Attribut *weiblich* war hier eben das, was die Liegnitzer Frauenbriefe so reizvoll erscheinen ließ und mich veranlasste zu überprüfen, wie es sich eigentlich mit der den Frauen der Frühen Neuzeit nachgesagten mangelnden (brief-)schreiberischen Ausbildung sowie deren ausbleibenden Anteilnahme am öffentlichen Leben verhält. Eine nähere Auseinandersetzung mit den Absenderinnen und dem Inhalt ihrer Briefe war hier unbedingt erforderlich.

Den im Kopf des Briefbogens stehenden Titeln der Absenderinnen bzw. deren Unterschriften (die hier jedoch eher eine Seltenheit sind) konnte ich entnehmen, dass die Briefe von schlesischen Prinzessinnen oder Herzoginnen namens Katharina, Helena, Sophia, Barbara, Luisa, Anna, Emilia und Elisabeth Charlotte ausgingen. Im 16. und 17. Jahrhundert waren diese Vornamen unter Prinzessinnen und Herzoginnen im Fürstentum Liegnitz jedoch allgemein üblich, sodass die Ermittlung, um welche adeligen Frauen es sich hier konkret handelt, kein leichtes Unterfangen war, zumal in vielen Fällen biographische Daten auch adeliger Frauen nur spärlich dokumentiert sind. Zu vermuten ist, dass die unbefriedigende Dokumentierung eben der geringeren Präsenz von Frauen im öffentlichen Leben geschuldet ist. Die einzige verlässliche Quelle zur Ermittlung der Provenienz der Frauen waren also Daten, die sie selbst in ihrem Titel führten, und dies auch nicht in jedem Fall, was die folgende Auflistung veranschaulicht:

1. Von gottes gnaden Katharina geborene von Meckelnburgk hertzogin jn Schlesien zur Lignitz vnnd Brig
2. Kattarina hertzogin zur Lignitz
3. Freullen Helena zur Lignitz
4. Helena Kurtzpachin Geborene Hertzoginn Jnn Schlesien Zur Lignitz Briegk vnd Goldpergk Frau auff Trachennburgk vnnd Militsch
5. Vonn gottes gnadenn Emilia geborene herzoginn Jnn Schlesigenn zur Lignnitz Brigk vnnd Goldt Bergck
6. Von gottes gnaden Sophia geborne Markgrevin Zu Brandenburg hertzogin inn Schlesienn Zur Lignitz Brieg vnnd Goldbergk
7. Vonn Gottes gnadenn Barbara geborne Marggräfin Zuo Brandenburg Hertzogin Jn Schlesien Zur Lignitz vnd Brigg, Wittieb

8. Vonn Gottes gnaden Anna geborene Herzoginn Zu Wirttenberg unnd Tegkh Grevin Zu Mümpelgartt auch Herzogin inn Schlesien Zur Lignitz Vnnd Briegkh Wittib
9. Von Gottes gnaden Wir Eliſabeth Charlotte Marggräffin vndt Churfürstin Zu Brandenburg, geborn außen Churfürste Stamb der Pfalzgraffen beim Rein Preußen, Zu Jülich, Cleven, Bergen, Stettin, Pommern der Caßuben vndt Wenden auch in Schleſien zu Croßen vndt Jägerndorff Herzogin Wittibe
10. Von Gottes gnaden, Louise, verwttibte herzogin in Schlesien, Zur Lignitz, Brieg vnd Wohlau, geborene fürstin Zu Anhalt, Gräfin Zu Ascanien, frau zu Zerbst vnd Berenburg Obervormünderin vnd Regentin

Es waren insgesamt neun adelige Frauen[3], deren Briefe die Liegnitzer Sammlung bilden – neun, da Fräulein Helena zur Liegnitz (3) in anderen Briefen als Helena von Kurzbach (4) auftaucht, nachdem sie 1568 Sigismund von Kurzbach, Herrn von Militsch und Trachenberg, geheiratet hatte. Nur drei der Absenderinnen sind gebürtige Schlesierinnen, und zwar Fräulein Katharina (2), Fräulein Helena (3) und Herzogin Emilia (5). Die anderen sind durch Heirat aus anderen deutschsprachigen Gegenden nach Schlesien gekommen. Eine Ausnahme stellt hier allerdings Elisabeth Charlotte dar, die Mutter des späteren *Großen Kurfürsten*, die in ihrem Titel den Zusatz *auch in Schleſien zu Croßen vndt Jägerndorff Herzogin* führt, ohne eine gebürtige Schlesierin oder Ehefrau eines schlesischen Fürsten gewesen zu sein. Meine erste Beobachtung beim Versuch, etwas Näheres über die Frauen zu erfahren, war, dass dies in den meisten Fällen nur über Publikationen über ihre männlichen Verwandten, sei es Vater, Ehemann, Bruder, Cousin oder Onkel, möglich ist. Während bereits bei den adeligen Frauen, die durch Heirat schlesische Herzoginnen geworden waren, die Aufgabe mehr schlecht als recht bewältigt werden konnte, musste ich in meinen Bemühungen, die Lebensumstände der gebürtigen Schlesierinnen zu erkunden, herbe Rückschläge erleben. Dabei waren mir ausgerechnet die Schlesierinnen besonders wichtig, was noch im Weiteren zu erläutern sein wird.

Bezüglich der Schreibanlässe ist anzumerken, dass diese in den Liegnitzer Frauenbriefen von rein privaten über halboffizielle bis zu offiziellen reichen. Dabei richten die Frauen ihre Briefe jeweils an den Bürgermeister und/oder

---

3 Höchstwahrscheinlich gibt es noch eine weitere Absenderin namens Ursula, sofern der Vorname richtig entziffert wurde. Der angeblich von ihr bzw. in ihrem Auftrag geschriebene Brief ist leider in einem sehr schlechten Zustand erhalten geblieben, sodass nur einzelne Vokabeln entziffert werden konnten. Darüber hinaus gibt es hier auch nicht die übliche Angabe des Titels der Absenderin. Lediglich auf der letzten Seite des Briefes steht eine kaum lesbare Unterschrift, wo das erste Wort eben als Ursula entziffert wurde.

den Rat der Stadt Liegnitz. Ihre Briefe sind Bittschriften, Mitteilungen oder Einladungen. Es werden z.B. Bitten um finanzielle Unterstützung vorgetragen. Gründe hierfür waren eine bereits länger andauernde Notlage, Verwandtenbesuche, für die das nötige Reisegeld oder Rosse fehlten, und finanzielle Schwierigkeiten, die es nicht erlaubten, notwendiges Pferdefutter oder einfach Kleidung zu kaufen. Manche Briefe sind Bitten um logistische Unterstützung (Verpflegung und Unterkunft) in geplanten Vorhaben. In vielen Briefen machen sich die Absenderinnen auch zu Sprecherinnen ihrer Untertanen, setzen sich für die Freilassung von wegen begangener Delikte eingesperrten Kindern bzw. für die Aufhebung von Geldbußen ein oder tragen andere für ihre Untertanen lebenswichtige Angelegenheiten vor. In anderen Briefen erfolgen Mitteilungen von Geburten, bevorstehenden Taufen, von Todesfällen in der Familie und Beerdigungen. Meistens enthalten sie gleichzeitig eine Einladung, an den bevorstehenden Familienfeierlichkeiten teilzunehmen. Aus dem Inhalt der Briefe sowie den Schreibanlässen geht eindeutig hervor, dass Frauen nicht immer von der Außenwelt abgeschieden und abgeschirmt am eigenen Hof im Kreise der Familie gelebt haben, sondern auch den Schritt in die Öffentlichkeit gewagt haben. Gewiss lässt sich ihr aktives Wirken im öffentlichen – meistens auf Lokales beschränkten – Leben nicht mit dem Dienst der Männer in Verwaltung, Heer oder Diplomatie vergleichen, aber immerhin darf man ihnen keine völlig passive Rolle im öffentlichen Leben unterstellen. In ihrem Alltag waren die Frauen oft darauf angewiesen, mit Bitten und Eingaben an Behörden mannigfaltige Angelegenheiten vorzutragen bzw. klären zu lassen, da die adeligen Männer eben wegen ihrer Dienstaufgaben sich oft über einen längeren Zeitraum auswärts aufhielten. Die Liegnitzer Frauenbriefe lassen solche Vorgänge deutlich nachzeichnen. Somit scheint eins der im Vorausgehenden dargestellten Vorurteile gegenüber den Frauen in der Frühen Neuzeit wenigstens teilweise abgebaut zu sein. Es bleibt nur noch die Frage der mangelnden bzw. unzulänglichen Ausbildung der Frauen zu klären. Angesichts der oft recht spärlichen Informationen über den Lebensweg der Absenderinnen schien mir dies anfänglich eine unlösbare Aufgabe zu sein. Es fehlten mir jegliche Daten zu deren Ausbildung. So konnte ich mich lediglich auf die mir zur Verfügung stehenden Schriftstücke verlassen. Und hier tat sich ein neues Problem auf: Die von ein und derselben Absenderin ausgehenden Briefe wiesen einen unterschiedlichen Duktus auf, als wären sie nicht von einer Hand geschrieben. So sind beispielsweise in 10 Briefen der Katharina von Mecklenburg fünf verschiedene Duktusarten nachzuweisen. Die Vermutung, dass es sich in vielen Fällen wohl um Auftragsarbeiten, d.h. von professionellen Schreibern verfasste und ausgefertigte Briefe, handelt, liegt folglich nahe. Welche Briefe eigenhändig von den adeligen Damen geschrieben wurden, ließ sich nur anhand der eigenhändigen Unterschrift ermitteln. Das Ergebnis meiner Untersuchung war überraschend: Gebürtige Schlesierinnen haben ihre Briefe (allerdings nicht alle) eigenhändig geschrieben, während mit Briefen der anderen, nicht aus Schlesien kommenden Frauen, Auftragsarbeiten (mit Ausnahmen) vorliegen. Die eigenhändig geschriebenen Briefe zeichnen sich oft – im Vergleich zu von geschulten Schreibern verfassten und niedergeschriebenen Briefen – durch eine schlechtere Qualität aus, die Schrift ist nachlässig, ihr Umfang oft bescheidener, aber sie sind genauso wie die anderen Briefe nach dem für die Briefschreiblehre der Frühen Neuzeit typischen Dispositionsschema aufgebaut. Über schreiberische Fähigkeiten haben also manche Absenderinnen der Briefe allerdings verfügt. An ihrem Umgang mit den briefschreiberischen Konventionen ist im Grunde auch nichts auszusetzen. Dass Briefe anderer Absenderinnen nicht von ihnen selbst verfasst und niedergeschrieben wurden, ist kein ausreichendes Indiz für deren mangelnde schreiberische Fähigkeiten, zudem auch Briefe adeliger Männer oft nicht von ihnen selbst, sondern in deren Auftrag von professionellen Schreibern geschrieben wurden. Dennoch werden in den einschlägigen Abhandlungen den adeligen Männern deshalb keine mangelnden schreiberischen Fähigkeiten unterstellt.

2. Briefe schlesischer Piastinnen

Die Tatsache, dass schlesische Prinzessinnen und Herzoginnen des Liegnitzer Fürstenhauses Deutsch geschrieben haben, war mir angesichts der historischen Erkenntnisse zur Geschichte dieses nicht mehr existierenden Staatsgebildes völlig verständlich und solange harmlos, bis ich festgestellt habe, dass drei der Absenderinnen der Liegnitzer Briefe, und zwar Fräulein Katharina, Fräulein Helena und Herzogin Emilia, dem Geschlecht der schlesischen Piasten entstammten. Die Piasten waren das erste Herrschergeschlecht in Polen und haben sich dann in vier Linien[4] aufgespalten. Die schlesische Linie erlosch zuletzt. Den historischen Quellen zufolge war unter den schlesischen Piasten die Kenntnis der polnischen Sprache verbreitet. Manche von ihnen haben ihre Abstammung von den polnischen Königen hoch geschätzt und die anderen schlesischen Piasten gemahnt, dass in ihren Adern auch polnisches Blut fließe. (vgl. Boras 1974: 410) Heinrich XI., Herzog von Liegnitz, bewarb sich sogar 1573 nach dem Tod des polnischen Königs Sigismund II. August um die polnische Krone. Aufgrund mannigfaltiger und recht verwickelter geschichtlicher Wechselfälle wurde das Fürstentum Liegnitz deutschsprachig. Ob die drei schlesischen Damen des Polnischen mächtig waren, ist fraglich.

---

4   Masowische Linie (ausgestorben 1526 mit Herzog Janusz III.), Kujawische Linie (ausgestorben 1388 mit Herzog Władysław), Großpolnische Linie (ausgestorben 1296 mit König Przemysław II.), Schlesische Linie (ausgestorben 1675 mit Herzog Georg Wilhelm I.).

Aus der Korrespondenz schlesischer Piastinnen im 16. Jahrhundert 107

Im Laufe meiner Beschäftigung mit den Liegnitzer Briefen kamen mir die Frauen aber besonders interessant vor. Dass sie Piastinnen und ihre Briefe quasi Bilder aus längst verklungenen Tagen der polnischen Geschichte waren, hat dabei ebenfalls eine Rolle gespielt. Aber wie bereits angedeutet, waren ihre Briefe zum Teil keine Auftragsarbeiten, sondern von ihnen eigenhändig niedergeschriebene Briefe. Dabei haben – wie es scheint – ausgerechnet diese Frauen unter bescheidensten Umständen gelebt.

Fräulein Katharina und Fräulein Helena zur Liegnitz waren Schwestern. Sie kamen als Töchter von Katharina von Mecklenburg und dem schlesischen Herzog Friedrich III. von Liegnitz zur Welt. Die ältere Katharina wurde 1542 oder 1545 geboren und starb bereits 1569. Das genaue Geburtsjahr von Helena ist nicht bekannt, aber es gilt als gesichert, dass sie um das Jahr 1545 zur Welt kam und 1583 verstarb. Da ihr Vater über keine Herrscherfähigkeiten verfügte, statt dessen ständig abenteuerliche Reisen durch das Reich und ins Ausland unternahm und das Herzogtum Liegnitz infolge seines leichtfertigen Lebens immer mehr verschuldete, wurde ihm bereits 1559 das Herzogtum Liegnitz auf Dauer abgesprochen und noch im selben Jahr seinem minderjährigen Sohn Heinrich XI. übertragen. Der hielt den Vater bis zu seinem Tode in Gewahrsam. Wie das Leben der jungen Katharina und Helena aussah, konnte ich leider nicht herausfinden. Zu vermuten ist, dass sie unter der Leichtfertigkeit ihres Vaters in vielerlei Hinsicht, auch finanziell, gelitten haben. Ihre Briefe, die sie als junge Mädchen geschrieben haben, sind Bittschriften, in denen sie den Bürgermeister von Liegnitz einmal um eine finanzielle Unterstützung und das andere Mal um Samt bitten. In ihrem gemeinsamen Brief von 1559 berichten sie ganz offen über ihre schwierige finanzielle Lage:

> wir || wollen euch gnediger meinung nicht || vor hielten das wir eilen des gelde || s nut durftig sein so ist an euch || vnser ganz gnediges begeren || ir wollet vns mit einen kleinen beisus || nicht vor lassen [Katharina und Emilia 1559]

Helena trägt dagegen in ihrem spätestens 1559 geschriebenen Brief eine Bitte um Samt vor:

> her Jeschke es ist an euch vnſer ganz gne || diges begeren das ir vns eine haulbe || eilln ruten samet vnd eine || eille weisen [...] wollet [Helena]

In den anderen Briefen setzen sich Katharina und Helena für ihre Untertanen ein. In ihrem gemeinsamen Brief von 1556 ersuchen sie den Rat der Stadt Liegnitz, einem betagten Ehepaar zu genehmigen, seine gegenwärtige Unterkunft weiterhin kostenlos nutzen zu dürfen:

> gelangtt hie mitt an euch || vnſer gannz gnediges an sienen vnd begerr || das ir den Valtter vnſer vor biett wollet || genießen vnd in ſamptt ſeinem weibe zu || jrren lebetagen frei herburge in der beude || zu laſſen vnd vor gonen [Katharina und Helena 1556]

Zwei Jahre früher (1554) setzt sich Helena – allerdings alleine – für die Freilassung des Sohnes ihrer Dienerin ein:

> wir wollen euch gnediger meinung nicht || bergenn das vnſ vnſere getreue dinerin des erlem || matz wein trist noch geluſne wirtfrau gantz || vnder tenigk an geſprochen hatt wir wollen ein || gnedige vor biett thun bei euch waß iren || ſohn Hanßen an langett [...] der halben ist an euch vnſer ganz gnediges || an ſienen vnd begerren das ir dor ob ſein || wollet auff dem kanaben das ſein lengern || nicht vor gehalden wurde vnd im gar || kein vnrecht geſchehe [Helena 1554]

Briefe, die Katharina als erwachsene Frau geschrieben hat bzw. schreiben ließ, gibt es in der Liegnitzer Sammlung nicht. Von ihrem erwachsenen Leben ist wenig bekannt. 1563 vermählte sie sich mit Friedrich Kasimir, Herzog von Teschen. Ihr Ehemann führte einen genauso leichtfertigen und üppigen Lebensstil wie ihr Vater, obwohl er über kein hohes Einkommen verfügte. Er verschuldete sein Herzogtum immer mehr, bis er sein Land zum finanziellen Zusammenbruch brachte. Katharina war etwa Mitte zwanzig, als sie starb. Zwei Jahre nach ihrem Tode ist ihre Tochter (ihr einziges Kind) mit sechs oder sieben Jahren gestorben.

Das Erwachsenenleben der jüngeren Schwester Helena war wohl nicht viel ruhiger. Als etwa dreiundzwanzigjährige Frau heiratete sie 1568 Sigismund von Kurzbach[5] und wurde Hausherrin auf dem Schloss zu Militsch. Ihr Mann hatte einen unruhigen, kriegerischen Geist, war zwar unternehmend und tapfer, geriet jedoch 1578 mit den schlesischen Ständen in vielerlei Streitigkeiten, was ihn wahrscheinlich bewog, Schlesien zu verlassen und in niederländische Kriegsdienste zu treten. Den im Liegnitzer Staatsarchiv aufbewahrten Brief schrieb Helena im Juli 1578 – damals noch voller Freude und Hoffnung. Bereits anderthalb Jahre später sollte sie verwitwet sein. Ihr Mann fand einen genauso abenteuerlichen Tod, wie sein Leben war. Durch Unvorsichtigkeit eines seiner Gesellschafter oder Diener wurde am Silvesterabend 1579 der schon zu Bett liegende Kurzbach in die Luft gesprengt. Er flog zum Fenster hinaus und am nächsten Morgen wurde er zerschmettert an einem Baum gefunden. (vgl. Müller 1837: 201f.) Seiner Frau Helena und seiner kleinen Tochter Sophia hinterließ er ein mit sehr hohen Schulden belastetes Dominium.

In ihrem Brief teilt Helena von Kurzbach dem Bürgermeister und dem Rat der Stadt Liegnitz mit, dass sie nach lang andauernden Unannehmlichkeiten der Schwangerschaft endlich ihr erstes und – wie man heute weiß – einziges Kind, Tochter Sophia, bekam. Nun soll die Taufe der kleinen Sophia stattfinden. Das ist auch der unmittelbare Anlass für ihren Brief, denn sie lädt den Bürgermeister und die Ratsherren der Stadt Liegnitz ein, an dieser

---

5   Die Kurzbacher sind ein uraltes deutsch-schlesisches Geschlecht.

erfreulichen und feierlichen Veranstaltung teilzunehmen. Den historischen Quellen zufolge soll Helenas Tochter 1572 geboren worden sein. Der Brief, der die Verkündung der Geburt der Tochter und zugleich eine Einladung zu deren Taufe ist, datiert allerdings vom 1.Juli 1578. Sollten beide Ereignisse zeitlich tatsächlich sechs Jahre auseinander liegen? Im Grunde ist das wenig wahrscheinlich, zumal Kinder in der Regel auch damals möglichst schnell nach der Geburt getauft wurden. Anzunehmen ist jedoch, dass Helena der lutherischen Konfessionsfamilie angehörte, da ihr Schwiegervater Luthers Anhänger war und im Geiste Luthers Lehren seinen Sohn, also Helenas Ehemann, erzogen haben dürfte. Im 16.Jh. war das Luthertum im Fürstentum Liegnitz sehr verbreitet. Zwar spenden lutherische Kirchen in der Regel die Kindertaufe, lehnen aber auch Taufen kurz vor der Konfirmation (dafür wäre die kleine Sophia allerdings noch zu jung gewesen) oder im Erwachsenenalter ausdrücklich nicht ab. Möglich, dass hier ein diesbezüglicher Sonderfall vorliegt oder dass das in den Quellen angegebene Geburtsjahr Sophias einfach nicht stimmt.

Nun lasse ich die Piastin selbst über ihr Glück sprechen. Die Lektüre ist insofern empfehlenswert, als das der einzige Brief voller Freude unter den Briefen der Piastinnen ist:

> Brief von Helena von Kurzbach (buchstaben- und zeilengetreu wiedergegeben; aufgelöste Abkürzungen kursiv markiert; in eckigen Klammern rekonstruierte Wortteile bzw. mit Punkten markierte nicht lesbare Stellen)

Empfänger:
> Dem Erbarn Weiſen vnſſeren liben
> gethreuen, burger meiſternn vnd Ratt
> manne der ſtatt Lignnitz ſemtlichen
> vnd ſonder lichen tzu eignen handn

1 Vnnſer freundtlich gruß vnd waß wier mehr Liebes
2 vnd guttes vermegen Zuvor Erſamme vorſichtige
3 Beſondere Liebe Herren vnnd guette freunde. gnediger
4 vnd freundtlicher meinung vnd außſchickung gottes
5 können wier den Herrn ſambt vnd ſonderlich unange=
6 Zeigett nicht lassen. Wie vnſer Lieber Gott, vnß vnſers
7 fraueliches bandes vnd bürden ſchwerniß durch eine heilſame
8 glickliche vnd freliche geburtt, erhörett vnd erlöſett,
9 vnd vns eine Junge Tochter gnediglichen beſcheret vnd
10 mitt gethaillt hatt. Von des wegen wier dem Alle=
11 mechtigen Gott vmb dieſe ſeine göttliche ſchenkung,
12 vnaußſprechliche gutt thatt vnd erzaigete gnad mit
13 ſonder groſſem vleiſſe dankbar, Vnd ſeind vormittelst
14 ferner hilffe gottes. ſolche vnſere Tochter nach ſeiner
15 allmechtigkeit befelch, vnd der Chriſtlichen Kirchen ein=
16 ſetzung, vnd auff vnſer erkendnuß auß der Erbſünd vnd
17 heidenſchafft, darÿnnen ſie empfangen vnd Zur weltt

18 gebracht, Zu der heiligen Tauffe bringen vnd ihr die
19 verhelffen Zulaſſ bedacht. Darauff gelangett an die
20 Herrn vmb gottes vnd [vnd: geſtrichen] vnſer Jungen Tochter
21 willen vnſer freundtlich vnd vleiſſige bitt, die herrn
22 wollen auff [den: geſtrichen] nechſtkomenden dienſtag welches
23 ſein wirtt der achte tag Julÿ Jtzo lauffenden 78 igen
24 Jares beÿ vns alhie Zu Breßlaw beÿ guetter Zeit
25 gewißlich oder Jn den abend Zuuor [gewißlich: geſtrichen]
26 einkommen. Vnd vnſer Jungen Tochter Zur heiligen
27 chriſtlichen tauffe, Jr ſolche, vnd *daz* warZei[chen]
28 einer Chriſtin, Zu empfahen helffen, erlangen
29 Vnnd alß dann, vber derſelben vnſer vnß von Gott beſche[...]
30 Jungen Tochter, Jhme vmb ſeine erzeigte gnade denk[...]
31 vnd ſich daruber beneben mehr andern vnſern darzue
32 gebettenen Herrn, freunden, vnd Zukunfftigen
33 freundtlichen Lieben geuatter. Zu deme waß Gott
34 weitter hiertzu gnedig mitt theillen wirtt, froelich
35 machen. Diß wollen wier vns gegen den Herrn
36 alß einenn Erbarn Rath (vnd keines abſchlahens vnſe[...]
37 vnnd es vmb dieſelben in viel mehrernn widerum[b]
38 freundtlich verdienen vnd beſchulde*n* Hiemitt Gott
39 mitt vns Allen Geben in Breßlaw den 1 Julÿ
40 Anno 1578

Helena KurtzBachin Gebornne Hertzogin
Jnn Schleſien Zur Lignitz Briegk vnd GoldPergk
Fraw auff Trachenbergk vnnd Militſch

Ein genauso wenig erfreuliches Schicksal war wohl der dritten Verfasserin beschieden, der Herzogin Emilia zur Liegnitz. Sie war eine Tochter des Herzogs Heinrich XI. von Liegnitz (Bruder von Katharina und Helena) und Sophie von Brandenburg-Ansbach. Sie lebte in den Jahren 1563-1618 und blieb unverheiratet, da sie mittellos war. Erst als Emilia 35 Jahre alt war, stiftete ihr Cousin Joachim Friedrich eine Mitgift für sie. Für eine Heirat war sie damals allerdings schon zu alt. In der Liegnitzer Briefsammlung gibt es nur einen Brief von ihr. Er datiert vom Jahr 1599. Zum Zeitpunkt der Abfassung des Briefes war sie Mitte dreißig. Ihr Vater war ebenso verschwenderisch und abenteuerlustig wie ihr Großvater Friedrich III., Vater von Katharina und Helena. Er hielt sich öfter im Ausland als im Herzogtum Liegnitz auf und verschuldete sich stetig. Aufgrund der Verwicklungen im Herzogtum lebte Emilia – ähnlich wie ihre Mutter und ihre Geschwister – mitunter von der Gnade ihres Onkels Friedrich IV. (Katharinas und Helenas jüngster Bruder), der mit Heinrich XI. wechselweise das Herzogtum regierte. Sicherlich war ihre finanzielle Lage nicht günstig. In ihrem Brief beklagt sie sich über ihre andauernde Notlage, die dermaßen entsetzlich sei, dass sie sich wegen ausbleibenden Einkommens nicht einmal die notwendige Kleidung beschaffen könne. Daher ersucht sie den Bürgermeister und den Rat von Liegnitz um Unterstützung. Über ihre finanzielle Notlage schreibt sie ganz offen:

> es ift Euch vnnfer lannck wieger gannz beckimer licher || zu ftannd fempt lichenn Woll bewuft achtenn es derwegenn nicht vor Nott- || wenndig das felbige erft weit leufftig zu er zellen ftellen es derweg || enn ann feinnen ortt die weil fich aber das felbige gleich wol noch || Niergend Endenn wiel dar durch wier dann leidter ganz vnnd gar aus || geschopft werdenn vnnd allfo Jnn grofennen Ellende ftehenn das || wier vnns auch miete Nottwendiger Kleidtunng nicht Ehr halten || kinnen finnde mal wier dann Jtziger zweit gar keinn Einn kumen hab- || enn [...]
>
> der wegen aus ob er zeleten vrfachenn gedrungen ann || Euch zu fchreibenn fonnder lichen aus diefen vrfachenn das wier Jhe vnnd alle || wege Im wercke befunnden haben das vnnf Einn Radt vnnd gemeine der || ftatt Lignniz in der zeit gewagenn gewefenn ift das wier wier vnnf denn des || felbennd auch nach ver fechen vnnd ift der wegenn ann Euch vnnfer gannz || gnediges finen vnnd begerenn vnnf miett was zu Einnemm Kleidte zuu || hielffe zu kumen was Euer gutter wiele ift ftellennes auch zu der felben || gefallen [...]

Bedenkt man, dass die hier dargestellten Briefe von adeligen Frauen stammen, so ist für manch einen verwunderlich, dass hier meistens Bitten um Geld oder eine andere Form der materiellen Unterstützung vorgetragen wurden. Erst die tatsächlichen Lebensumstände ihrer Absenderinnen lassen die Briefe in einem anderen Licht erscheinen und machen plausibel, warum hier nicht über unbeschwertes und fröhliches Leben berichtet wird.

3. Fazit

Die Briefe der gebürtigen Schlesierinnen sind schon deshalb von Bedeutung, da sie einen nicht mehr existierenden Dialekt des Deutschen dokumentieren. Ganz unabhängig von den konkreten Inhalten der Briefe und auch ungeachtet der nicht immer zu klärenden Identität des Verfassers, geben diese der Sprachforschung die Möglichkeit, schriftsprachliche Besonderheiten dieses untergegangenen Sprachraums zu entdecken und bisherige Erkenntnisse hierzu anzureichern. Darüber hinaus – und hier lag der Schwerpunkt der vorliegenden Arbeit – ist es auch möglich, anhand dieser Briefe den soziologischen Aspekt des Briefeschreibens jener Zeit, verknüpft mit dem landläufig vorherrschenden Bild der Frauen jener Epoche zu beleuchten. Es zeigte sich, dass entgegen bisheriger Bewertungen die Frauen des Adels – auch wenn sie auf Grund ihrer geschlechtsspezifischen Rolle nur eine geringere Ausbildung erhielten und vom öffentlichen Leben weitgehend ferngehalten wurden – sehr wohl in der Lage waren, ihre Anliegen und die ihrer Untergebenen brieflich zu formulieren, und zwar in einer der Zeit und den damals geltenden Normen angemessenen Form.

Insofern standen sie ihren Männern, die sozusagen von Berufs wegen häufiger Schriftstücke und Briefe zu verfassen hatten, in der hierfür erforderlichen Grundfähigkeit wohl in nichts nach. Ebenso kann anhand dieser Briefe das Vorurteil ad acta gelegt werden, dass diese Frauen keine Rolle im öffentlichen Leben gespielt hätten. Die Korrespondenz zeigt, dass diese sehr wohl gesellschaftlich Anteil nahmen, über Sorgen und Nöte auch der Untergebenen im Bild waren und sich für diese verwendeten.

Bibliographie:
BORAS, Zygmunt (1974): *Książęta piastowscy Śląska*, Katowice.
MÜLLER, Karl (1837): Vaterländische Bilder, in einer Geschichte und Beschreibung der alten Burgfesten und Ritterschlösser Preussens, Glogau.
KOWALSKA, Alina (1986): *Dzieje języka polskiego na Górnym Śląsku w okresie habsburskim (1526-1742)*, Wrocław.
ROMBOWSKI, Aleksander (1960): *Nauka języka polskiego we Wrocławiu (Koniec wieku XVI – połowa wieku XVIII)*, Wrocław.
WIESINGER, Peter (2004): *Österreichische Adelsbriefe des 16. bis 18. Jahrhunderts als Textsorte*, in: SIMMLER, Franz (Hrsg.): *Textsortentypologien und Textallianzen von der Mitte des 15. bis zur Mitte des 16. Jahrhunderts*, Berlin, S. 289-310.
WIESINGER, Peter (2005): *Soziologisches und Linguistisches in Briefen österreichischer Adeliger des ausgehenden 17. Jahrhunderts*, in: *Didier érudition, Études Germaniques 60*, Paris, S. 353-390.

Daten der Autoren

Czachur, Waldemar (Dr. phil.)

Universität Warschau, Germanistisches Institut, Abteilung für Sprachwissenschaft.

Arbeitsschwerpunkte: Text- und Diskurslinguistik, kontrastive Linguistik, deutsch-polnische Beziehungen.

Dąbrowska-Burkhardt, Jarochna (Dr. phil.)

Universität Zielona Góra, Institut für Germanistik, Fachbereich für Geschichte und Dialektologie der deutschen Sprache.

Arbeitsschwerpunkte: Diskursanalyse, Politolinguistik, Stereotypenanalyse, interkulturelle Kommunikation, Untersuchung historischer Texte mit Schwerpunkt neuzeitliche Städtechroniken.

Eberharter – Aksu, Margit (Dr. phil.)

Nikolaus-Kopernikus-Universität zu Toruń, Lehrstuhl für Germanistik, Abteilung für Sprachwissenschaft.

Arbeitsschwerpunkte: Soziolinguistik, Historiolinguistik, Wissenschaftssoziologie.

Frączek, Agnieszka (Dr. phil.)

Universität Warschau, Germanistisches Institut, Abteilung für Sprachwissenschaft.

Arbeitsschwerpunkte: Lexikologie, historische Lexikographie.

Grotek, Edyta (Dr. phil.)

Nikolaus-Kopernikus-Universität zu Toruń, Lehrstuhl für Germanistik, Abteilung für Sprachwissenschaft.

Arbeitsschwerpunkte: Semantik, historische Semantik, sprachliches Weltbild, Übersetzungswissenschaft.

Just, Anna (Dr. phil.)

Universität Warschau, Germanistisches Institut, Abteilung für Sprachwissenschaft.

Arbeitsschwerpunkte: Geschichte der deutschen Sprache, historische Linguistik, Paläographie – insbesondere deutsche Schriftarten.

Schriften zur diachronen und synchronen Linguistik

Herausgegeben von Józef Grabarek

Band 1   Sylwia Firyn: Beiträge zur jüngeren und jüngsten Geschichte der deutschen Sprache. 2011.

Band 2   Edyta Grotek / Anna Just (Hrsg.): Im deutsch-polnischen Spiegel. Sprachliche Nachbarschaftsbilder. 2011.

Band 3   Anna Just: Die Entwicklung des deutschen Militärwortschatzes in der späten frühneuhochdeutschen Zeit (1500-1648). 2012.

Band 4   Hanna Biaduń-Grabarek: Fragen der Phraseologie, Lexikologie und Syntax. 2012.

Band 5   Edyta Grotek (Hrsg.): Deutsche und Polen im Kontakt. Sprache als Indikator gegenseitiger Beziehungen. 2012.

www.peterlang.de